Widmung

Dieses Büchlein widme ich allen, die einmal eine Schule von innen gesehen haben.

Vor allem aber den Heerscharen von Schülern, Lehrern, Reinigungsleuten, Hausmeistern, Werkmeistern, Sekretären, Seminarleitern, Fachbereichsleitern, Konrektoren, Rektoren, Schulräten, Oberschulräten und Oberoberschulräten und allen Nichterwähnten, aber auch allensolchen in weiblicher Ausformung – also die Menschen, die die Schule ausmachen. Sie haben durch ihre spezifische Verhaltensweise zum Enstehen dieses Büchleins beigetragen.
Mögen sie an dem Geschriebenen ihren Spaß haben.

P. K. Sommerferien 1992

Über den Autor:

Peter Kurz wird 1952 in Berlin (Rest) geboren. Schulüblicher Weg durch ein dreigliedriges Schulsystem. Entrinnt 1972 knapp der reformierten Oberstufe. Schließt dreizehn Jahre Schule (vorläufig) mit Abitur ab. Gründet mit anderen 1973 die Berliner Künstlergruppe „Bloody Dog". Stellt dort überwiegend elektronische Objekte vor.
1972 Studium der Pädagogik, Jugendarbeit mit der Naturfreundejugend Berlin. Seit 1979 Lehrer an einer Berliner Hauptschule. 1985 Gründung des Kleinverlages „Sonnenbogen". Zusammenarbeit mit Michael Ley. Seit 1987 verheiratet.

„1965 entdeckte ich für mich das Schreiben. Zunächst waren es Gedichte, die ich zu allen Zeiten auf alle möglichen Papiere brachte. In meinem Denken sind es fotografische, auf wenige Worte reduzierte Momentaufnahmen komplexer Situationen.
Ich machte es mir ab 1970 zur Aufgabe, jedem meiner 30 Geburtstagsgäste einen Gedichteband als „mein persönliches Geschenk" zu überlassen. Etwa zehn Jahre habe ich das durchgehalten. Dann ging es mir darum, Situationen zu beschreiben – ihre Komik oder Tragik – ihren Gehalt herauszuarbeiten. Aus Verärgerung über eine schulische Formalsituation begann ich »Jede Menge Chancen«, den Roman, der Hauptschulleben aus Lehrersicht zeigt. Aus purer Lust an Schülerstreichen entstand »Die Doppelmützenbande«, die die gleiche Schule und fast dieselben Situationen aus Schülersicht bloßlegt."

Veröffentlichungen:

Etwa 10 Geburtstagsbände, Auflage ca. 40
„Denn wir kamen, um zu leben"
(Anthologie, Gedichte und Lieder), 1979
„Knoten im Papier" (Gedichte), 1987, ISBN 3-92 55 46-01-4
„Jede Menge Chancen" (Roman), 1992, ISBN 3-92 55 46-04-9
„Die Doppelmützenbande" (Roman), 1993, ISBN 3-92 55 46-05-7

Jede Ähnlichkeit mit lehrenden oder lernenden Personen jeden Alters
wird bestritten und an die Rechtsabteilung (S. Skrubitschek) verwiesen.
Ebenso die Möglichkeit des Eintretens des Geschehens der dargestellten
Sachverhalte und Situationen in Gegenwart und Zukunft, in Gesamtschule, Gymnasium, Sonderschule oder Realschule und Berufsschule
und irgendeiner Schule der Zukunft.

1. Auflage
© by Verlag Sonnenbogen
D-1000 Berlin 13
Friedrichsweg 23
Printed in Berlin (Germany)
auf Rotaprint R 40/30
ISBN 3-925546-04-9

Pflichtlektüre der Berliner Lehrerbildung

Gesetzt in Walbaum Roman, 10 Punkt
Gedruckt auf 80 g Dilith-Werkdruckpapier
Handgebunden, Original-Lumbeck (doppelt beleimt), Rückengaze

Peter Kurz

Jede Menge Chancen

Roman

Innenansichten einer Berliner Hauptschule

(Ohne Illustrationen, weil das Leben hier illustriert genug ist)

I

„Na, jehen Se wieda testen?" fragt mich morgens gleich im Durchgang zwischen den beiden Toren der Hausmeister. Wie immer im Blaumann. Das Hemd darunter nur lose geknöpft. Den leichten Morgenbart mit einer Hand reibend, während er zu mir spricht. „Sie wissen schon, die Türen testen, die Stühle testen, übrigens, die beeden Stühle von jestan, mit denen war nischt mehr los, 'nen Fall für den Sperrmüll. Ach so, und natürlich Lehrer testen", klappt er schnell nach und geht mit einer schnellen Rechtsdrehung, ohne Antwort zu erwarten, Richtung Hausmeisterbüro und verschwindet hinter der grauen Tür.

Ich gehe weiter, durch die Durchfahrt über den Schulhof ins Schulhaus, vorbei an zwei Müllcontainern aus Metall und einem Papierrecycling-Container aus Plastik zur Linken – und entlang an Blumenrabatten – aus deren geometrischer Mitte mächtige Hofbäume herauswachsen, wie ich vermute, beim Bau dieser Schule, zu Beginn des Jahrhunderts, gepflanzt. Diesen Weg nehmen zwangsweise alle Schüler. Einige der Lehrer, die zu faul sind, die ersten Schritte ins Schulhaus gleich mit dem ersten Schlüsseldrehen zu kombinieren, um die Tür ins Hochparterre zu überwinden, nehmen ebenfalls diesen Weg, wie ihn die Schüler nehmen müssen: über den teerversiegelten Hof. Nur an Regentagen beobachte ich wenige Kollegen, die auf den kleinen Unterschied verzichten wollen. Dann zahlt es sich ohne jeden Zweifel aus, daß an meinem wohlgenährten Schlüsselbund dafür entsprechende Schließeisen und Schließmessinge sind.

Es kam nicht oft vor, daß der Hausmeister frühmorgens in so guter Laune anzutreffen ist. Meist sind die ersten Worte der Begrüßung freundlich, aber oft kam etwas Ernstes, Negatives hinterher: Stühle nicht hochstellen lassen, Licht angelassen, Fenster offengelassen, Beschmierung oder Zerstörung nicht gemeldet. Ein schier endloses Thema des letzten Jahres, besser: des letzten Schuljahres, war die Toilette, spezieller ausgedrückt: die Mädchentoilette im zweiten Stockwerk. Ein Hort für Zerstörungen und Bemalungen – Anlaß zur Beschäftigung mit an sich Sinnlosem für alle Beteiligten, die Urheber des Ganzen vielleicht ausgenommen.

Ich erinnere mich noch genau an den Tag, an dem mich mein Rektor um eine kleine Hilfe bat. Es ginge nur um eine kleine Assistenz bei einer geringfügigen Sache: Die trennenden Kabinenwände besagter Mädchentoilette sollten, weil beschmiert und aus den Angeln gebrochen, teilweise mit geborstenen Wänden, durch neuwertige Trennwände, weil noch nie eingebaut gewesen, ersetzt werden. Mein Chef hatte sie irgendwo im Schulkeller aufgetrieben. Und weil der alte Hausmeister, der rauhbarsche Vorgänger des jetzigen, es wieder so richtig im Kreuz habe, daß seine aktuelle Unfreundlichkeit von der Unfreundlichkeit seiner gesunden Tage sich unangenehm unterscheiden würde und die Sache aus pädagogischen Gründen und aus hygienischen sowieso wichtig sei, wäre heute der Tag.

Es endete damit, daß ein Schulrektor (A 14), ein Lehrer (A 13), ein Angesteller (A 12) und ein Angestellter (A 11) zwei und eine halbe Stunde an diesem eigentlich so einfachen Teil werkelten, wie es eine glatte, saubere Toilettenwand sein könnte. – Abgesehen, daß die Gerüche, die eine Mädchentoilette einer ordnungsgemäß gepflegten Hauptschule durchweben, gewöhnungsbedürftig sind, abgesehen davon, daß die leserliche Beschriftung der auszuwechselnden Kabinenwand von den Anwesenden erst gelesen werden mußte, vielleicht in der Hoffnung auf elegante Anregungen sexueller Natur, oder in Erwartung des Verrats von neuzeitlichen »Toiletten-Klassenarbeits-Tricks«, und abgesehen vom interessierten Betrachten der Zeichenfertigkeiten der Mädchen oder des oben- oder untenliegenden Geschlechts, ohne langwierige Entschlüsselung der unleserlichen Geständnisse, war die Arbeit nur schweißtreibend und schwer zu nennen. Das lag aber nur an den Gewichten, einerseits der abzuschraubenden und zu transportierenden und andererseits an der zu transportierenden und anzuschraubenden Wand.

Ach ja, und der alte Hausmeister, der Kranke, der Mißgelaunte, der vierschrötige Mann im Blaumann, gab nur Anweisungen, teilweise nicht einmal passende. Im Kreuz habe er es. Aber abends, und deshalb ist mir dieser Tag in der Erinnerung unauslöschlich, mich anpflaumen, weshalb ich jetzt noch – zu dieser späten Neunzehnuhrstunde – in der Schule zu tun hätte, das müsse ja wohl angemeldet werden. Sei ja angemeldet, habe ich getönt, also wenig leise gesprochen, bloß das wissen Sie in Ihrem Suff nicht mehr! Und damit war es aus mit den persönlichen Gesprächen. Endlich war mir, stellvertretend für andere mit, der Kragen geplatzt!

Ja, der alte schwerfällige Hausmeister scheute sich nicht, junge Schnösel, so mußte er es zwangsläufig sehen, auch dann zur Rede zu stellen, wenn er selbst so besoffen war, daß seine Betrunkenheit dem Hausmeister einer größeren oder höheren Lehranstalt, als es unsere kleine Haupt- und Realschuleinheit darzustellen vermochte, nicht schlecht zur Dienstzeit gestanden hätte. Leider läßt sich eine Bierfahne nicht anzünden und als Siegesfahne eines Diensttriumphes verwenden, und leider war der Schulrektor nicht als Zeuge im Hause, leider war niemand außer ihm und mir zugegen (meine vier bestellten Schüler zählen einwandfrei erwiesen nicht!). Und leider hat mich diese Sache wieder zwei Stunden Tastenquälen in Form einer Schreibarbeit auf meiner Schreibmaschine gekostet, um den Vorgang als Beschwerde über den betrunkenen Hausmeister anderntags wenigstens in die Akten zu bekommen. Und leider lernt man in den Seminaren des Pädagogikstudiums nicht den Umgang mit Hausmeistern, respektive den mit betrunkenen oder unangenehmen. Müßte diesen Vorschlag mal schriftlich dem betrieblichen Vorschlagswesen unterbreiten. Vielleicht steht eine Prämie darauf?

Aber der Hausmeister, dem mein alter Groll galt, war *längst* in Rente, also aus dem Schuldienst entfernt, wenn *längst*, in meinen Schulalltag übersetzt, bedeutete, es war schon mehr als zwei Konferenzen her.

Vor dem Schulhaus gilt es zu schauen, wen die Eltern bringen, wie die Eltern ihren Sprößling verabschieden. Welche Jugendlichen von anderen Jugendlichen in Nobelkarossen mit »Gummi geben« abgeliefert werden, Kavaliersbremsen und Kavaliersstart inbegriffen.

Dann der Weg über den Hof, unseren Vorfluter; Stauer der Bewegungen der gesamten Schülerschaft einer Doppelschule bis zum ersten Läuten.

Vor dem Erreichen der Hoftür gilt es, den Schülern zuzusehen, sie zu grüßen, Grüße entgegenzunehmen, zu schauen, wer wen küßt, wer wen zuerst küßt, welche Pärchen »alt« zusammenstehen (»alt« heißt hierbei mindestens schon dreimal von mir gesehen), und wer »neu« zusammensteht. Überhaupt gilt es zu unterscheiden zwischen denen, die sich zusammenschließen und denen, die einzeln sind, und denen, die es heute bleiben wollen.

Eben bestand noch eine hinreichend große Lücke zwischen sechs oder sieben Schülerinnen und Schülern, groß genug für mich und meinen Aktenkoffer, ohne Berührungen und Behinderungen bequem hindurchzugehen, als eine Schülerin von der Seite her einen großen Schritt macht, ihre Freundin ausgiebig küßt und die Lücke wie der Schlußstein einer gotischen Gewölbeanlage schließt, und ich in die sich begrüßend-küssende Gruppe hineinlaufe, weil ich anderen Schülern, die etwas entfernt stehen, zuwinke. Sorry! Ich bleibe einen Augenblick stehen, muß nun genau verfolgen, wer wen wie begrüßt (Reihenfolgen sind aufgrund der Höflichkeitsleitern und Hackhierarchien gründlichst einzuhalten) und bin auch jetzt zu stolz und zu wenig in Eile, den verlegten Weg durch fünf Schritte Umweg zu ignorieren. Ich will meinen freien Weg! Von hinten, so daß ich den Sprecher nicht sehen kann, sagt eine junge Stimme hingehaucht, daß es nur für mich bestimmt ist: „Herr Kurz, Sie sind der Netteste!" Kerstin aus meiner Deutschklasse ist die Sprecherin. Aber: kein Anhaltspunkt wofür dieses zweifelhafte Kompliment vergeben wird. Ich antworte nicht, lächle still und denke nur, schön, wenn du das im Deutschunterricht nachher auch sagen kannst! Nach Sekunden der Stockung ist die Hauptlaufrichtung wieder frei. Wenn das so leicht und unkompliziert und ungeregelt auch im Straßenverkehr ginge!

Ein türkischer Schüler, der die Szene beobachtet hat, spricht mich wie fast jeden Tag auf dieselbe Art und Weise an: „Guten Mor-

gen, Herr Kurz, wie geht es Ihnen?" Automatisch, wie es sich für
ein ritualisiertes, gewachsenes Spiel gehört, antworte ich auf seine
lachend gestellte Frage lachend: „Wenn ich dich sehe, wird mir
übel!" Kein Zeichen für Bitternis, Ausländerhaß, Ausländerfeind-
lichkeit; ein lachendes Miteinander, das im Spiel Öffnung zeigt.
Wie lange wir schon so reden, wenn es morgens nicht mehr Sub-
stanz zum Reden gibt und die ewig gleich ausgestanzten Sätze ewig
gleich wiederholt werden, um sich in das Bewußtsein des anderen
zu schleichen, weiß ich nicht mehr, wahrscheinlich weiß es der
Schüler auch nicht mehr. Von irgendwoher höre ich mehrfach das
Wort »Klobürste«. Ich kann so nichts damit anfangen und glaube
nach Sekunden selbst daran, mich verhört zu haben.

Rein statistisch, wenn ich es einmal so betrachten sollte... Nein,
ich lasse das, es ist müßig für mich, auszurechnen, jedem unserer
dreihundertundfünfzig Schüler eine halbe Minute zu erzählen, wie
es mir wirklich geht, abgesehen davon, daß meine wirklich ehrlichen Antworten kaum ein Schüler vertragen würde, vom Verstehen nicht zu reden.

„Schlecht geschlafen, diese Nacht, weiß nicht, woran es gelegen
hat. Denk dir, meine Frau ist mir weggelaufen, weil ich zuviel an
die Schule gedacht habe und weniger an sie. Nein, die Nacht habe
ich durchkorrigiert, du weißt, die lieben Aufsätze, und die Mathematikarbeit und dann noch Eure Hefter. Ich habe eine Million im
Lotto gewonnen und habe die gesamte Nacht dazu gebraucht, das
Geld richtig geplant auszugeben. Ich habe Streit mit deiner unsym-
pathischen Klassenlehrerin gehabt, wir wollen uns den Arbeitstag
gründlich miteinander versauern. Weißt du, mein Liebeskummer
bringt mich um. Ich kann den ganzen Laden hier nicht ausstehen,
und deshalb sehe ich so zergrübelt aus, und trotzdem erscheine ich
jeden notwendigen Morgen hier wieder."

Könnte ich das so oder ähnlich einem der mir anvertrauten
Jugendlichen sagen? Wie tief können sie in die Seelen der hier
beteiligten Personen sehen? Wie weit verstehen sie das hier darge-
stellte Erwachsenenleben? Merken sie noch vor all dem Verwal-
tungskram, daß sich jeder Lehrer hier Sorgen um einen Jugendlichen machen kann, den er zu nahe an Drogen wähnt und von seinen Eltern unerzogen? Soll ich nur sagen, höflich versteht sich:„Es

geht mir gut!" Ohne Begründung, ohne Hintergrund. Dann lieber provokativ! Sollte ich sagen, daß ich glücklich bin, weil ich zur Schule gehe: *das* nimmt mir hier keiner ab!

Vor der Mitteilungswand der Schülervertretung hält mich eine Entscheidung auf: im Gefühl habe ich es, wie spät es ist, fünfzehn Minuten bis Buffalo... Auf der Erde liegt wieder – wie meist, wenn ich hier entlangkomme – ein Plakat: Ausstellung sowieso, Veranstaltung daundda. Das heute unten liegende Plakat ist die Einladung zu einer Schülerfete im benachbarten Jugendheim, für den kommenden Sonntag, aber leider völlig zerfetzt. Seitdem die Sekretärin, die dieses Brett mitverwaltet, auf meine Anregung hin die Informationsbretter nicht mehr mit Reißzwecken traktiert, sondern alles mit Klebefilm befestigt, haben sich die Zerstörungen an Plakaten und Bildern nach zunächst rückläufiger Tendenz wieder verstärkt: Halbjahreszeugniszeit.

Die Sekretärin, sie hat sich übrigens bedankt für den Tip, der die Fingerpitzen schont. Sie geht den Weg zu dieser Anschlagfläche recht häufig, und etwas Hammerähnliches immer bei sich zu führen, sollte man einer Dame nicht zumuten.

Ich gehe die Treppe hoch, in den ersten Stock, wo aus strategischen und praktischen Gründen das Lehrerzimmer eingerichtet ist – heute ohne weitere Schüler zu treffen, die ich kenne, ohne weitere Gespräche zu führen oder führen zu müssen. Meine Füße stoßen beim kraftvollen Treppensteigen, schließlich will ich ja nicht einschlafen, auf abgetretenen, teilweise nicht mehr vorhandenen, wie Schmirgelpapier aussehenden Gleitschutzstreifen, daß es ein zischendes, schmirgelndes Geräusch gibt. Vierzig Jahre werden sie meine Begleiter sein, die Stufen, wenn ich bis an das Arbeitsende hier tätig sein werde. Zum tausendundsiebzehnten Mal denke ich daran, Nachfrage zu halten, wer für die Erneuerung der abgetretenen Granitstufengleitschutzstreifen (so und nicht anders muß der Fachbegriff für diese fünfzig Millimeter breite und treppenlange Angelegenheit lauten) zuständig sei. Ansprechpartner dafür sind die Sekretärin, der Hausmeister, der Rektor, überlege ich, und ob sich dieses Wort nicht für ein beliebtes Ratespiel in einer der Abschlußstunden eignen könnte, als mich die Sekretärin zwischen Sekretariat und Lehrerzimmer entdeckt und mich ohne Möglichkeit des Ausweichens für mich zu einer Unterschrift bittet.

„Herr Kurz! Herr Kurz! Eine Unterschrift, in der Unterschriftenmappe, am Fenster!" Ich mache kehrt, denn der gepreßte Ausdruck in ihrer Stimme macht die Angelegenheit bedeutsam, unaufschiebbar. Ich lege meinen Aktenkoffer auf einen Tisch, der vor einer breiten Bank steht. Hoffentlich nimmt ihn heute keiner weg, um zu erforschen, wem er gehöre. Eigentlich ungehörig das, müßte doch jeder meinen sieben Jahre alten Koffer, genauer: meinen schwarzen Aktenkoffer, kennen. Im Sekretariat bemühe ich mich, die Unterschriftenmappe, grün, zu finden. Unfallmeldung. Formular blau. Da hat der doch... Routineangelegenheit. Hätte Zeit gehabt, aber ich bin morgens noch nicht so fit, dem Drängen der Sekretärin zur Unterschrift Paroli zu bieten. Sie kriegt mich mit der Stimme jedesmal rum. Also: Unterschrift als Sicherheitsbeauftragter geleistet. Registriere, daß in diesem Unfall für mich kein Handlungsbedarf liegt. Bemühe mich jetzt noch mehr, nicht angesprochen zu werden, indem ich nicht großartig grüße, sondern meinen direkten Weg zum Aktenkoffer und von da aus zum Fotokopierer suche, um pünktlich im Unterricht zu sein. Daß die Kollegin Meier meinen Weg gekreuzt hat, ich aber grußlos dem Drängen der Sekretärin nachgegeben habe, registriere ich nur am Rande, während ich darüber nachdenke, warum wieder vier ausgesprochene Lümmel kurz vor acht auf der »Strafbank« sitzen und wer wohl ihr Klassenlehrer, respektive ihre Klassenlehrerin, sein könnte.

Der Typ träumt wie eine abgehängte Schweinehälfte! Jetzt holt ihn die Krausin schon von der Treppe weg! Wo ich ihn doch dringend gebraucht hätte als Layout-Hilfe für ein paar Probleme der Schülerzeitung! Und gegrüßt hat der auch nicht. Schnösel! Und nachher muß ich schnell weg... Pah, da hat der Aufsicht! Er hat mich nicht einmal als Frau wahrgenommen, geschweige denn als Kollegin! Ob meine Kleidung nicht o.k. ist? Mein Parfum muß ich auch wechseln, ich spüre es schon nicht mehr. Ach, vielleicht erwische ich den Döslack morgen...!

Vor dem Vertretungsplan bleibe ich stehen, suche meinen Namen, um zu wissen, was heute auf mich zukommt. Ich finde meinen Namen heute nicht, aber den meines alten Mentors Malinowski. Er muß immer noch vertreten werden! Dauervertretung. Wie lange Zeit schon!

„Kommen Sie doch eben nochmal 'rein!" Der Rektor hat mich beim Wickel, sechs vor acht, und ich kann mich nicht erinnern, heute schon einmal bei ihm gewesen zu sein. Ich setze mich ins Rektorzimmer, frech und bequem auf einen dem Chef gegenüberstehenden Drehstuhl, als wäre ich ein zweiter Rektor; wir sind voneinander getrennt durch zwei gegeneinandergestellte Schreibtische. Ich drehe ein bißchen hin und her. Irgendwas wird beredet, fünf vor acht. Irgendwelche korrekten, wahren Antworten. Drei vor acht. Telefonklingeln. Der Chef läßt sich Zeit mit dem Abheben des Hörers des läutenden Telefons, hat die Ruhe weg, ist so konzentriert und höflich bei unserem Gespräch, daß ich unruhig werde. Schiebt die dickrandige Hornbrille zwischendurch wieder auf die Nasenwurzel, wenn sie droht, von der Nasenspitze abzurutschen. Ich bewundere, wie korrekt er heute wieder angezogen ist, Anzug, Krawatte, helles Hemd, blankeste Schuhe. Von nebenan, aus dem Vorzimmer, die Ankündigung der Sekretärin mit vielen »W's«: wer, was, warum. Ich entziehe mich mit einer kurzen Grußformel dem Chef und weiß, daß es nach der Doppelstunde länger werden wird. Nein, geht nicht. Pausenaufsicht im Stockwerk! Also danach. Bei der Sekretärin versuche ich, aus der Schublade den Kopierschlüssel zu holen. Nicht vorhanden. Mit schlafwandlerischer Sicherheit hat sie bereits meine Aktivitäten registriert und sagt mir personengenau, wer um diese Uhrzeit nach Krausescher Wahrscheinlichkeit im Kopierraum, dreißig Meter weiter, am Kopierer steht, den Kopierschlüssel im Gerät, die Auslage des Kopierers beobachtend, der bei großen Stückzahlen schier unaufhörlich Papier in die Auslage speit und sich dabei Zeit läßt, als ginge ihn das Zeitsystem seiner Umgebung nichts an. Auch die allgemein verwendete Bezeichnung Kopierschlüssel ist sehr hochtrabend für einen Kopienzähler.

Einmal, glaube ich, habe ich sie mit diesem Ding verblüfft. Der Kopienzähler war noch neu, weil der Kopierer neu war. Der Kopienzähler wurde in einer engen Pappschachtel geliefert, in die ihn alle Kollegen und die Sekretärin zurückpackten. Also, Lasche auf, Zähler heraus; – Zähler herein, Lasche zu. Als ich an die Reihe der Benutzer kam, spät erst, so etwa zwei Monate nach Aufstellung des neuen Kopierers, weil ich kein Bedürfnis nach Kopien hatte, entfernte ich die abgegriffene Pappe mit einigen Worten über den praktizierten Unsinn und warf die überflüssige Papphülle in den Müll. Das saß! Ich brauchte gar nicht auszuholen, von wegen: »täglich benutztes Plastikteil wird durch Pappe geschützt«. Hier hat eben keiner Zeit für Unnützes. Hier wird versucht, Zeit zu sparen für Wichtiges. Manche kratzen die Zeit regelrecht zusammen. Besonders zu Ferienbeginn – oder von der anderen Perspektive – zu Schulende. Und dann die lästige Verpackung dieses Zählers! Und wirkliche Zeitverschwendung findet nur bei den kleinen Dingen des Alltags statt. Also handeln! Keine Widerrede, stilles, jungmädchenhaftes Lächeln des Einverständnisses von der Sekretärin. Dabei ist sie nicht mehr jung, sondern gesetzt. Übrigens, gleiches Erlebnis und ähnliches Ergebnis auch nebenan mit der Sekretärin der Realschule gehabt. Pappschachtel entfernt, in den Papierkorb geworfen. In der Realschule holt man nichts aus Papierkörben. Drüben gehen alle Uhren anders.

Schüler kommen vorbei. Keine und keiner, der mich anspricht. Ist mir die Eile anzusehen? Gleich acht. Dreißig Meter – »Kopierraum« steht von einem Schriftenmaler auf die Tür geschrieben, keine Graffiti-Arbeit mit einem dicken Benzinstift. Solides Handwerk. Wer gut arbeiten kann, kann gut pfuschen! Drei Schülerinnen der Realschule sind über das Abzugsgerät, die Matrizenschleuder, gebeugt und versuchen, die Maschine in ordnungsgemäßen Gang zu bringen. Pustekuchen. Kein Stundenfutter für die Denkapparate der Schüler. Keine mitteleuropäische Lehrmethodik mit Arbeitsbögen. Lebensknick für jeden ordentlich vorbereiteten Lehrer, wenn ein Arbeitsbogen nicht rechtzeitig vervielfältigt werden kann. Für die Betreuung der Geräte sind nur zwei Schüler oder Schülerinnen zugelassen. Also hier Schichtverstärkung.

Am Kopierer steht Frau Meier. Hübsch, attraktiv, schlank, freundlich, frech frisiert, und was der Schmusadjektive noch mehr sein könnten. Heute mit roten Pumps. Ihr Gesicht wird überfreundlich, als sie mich im Türrahmen sieht. (Hat sie es vorhin nicht bemerkt, daß ich an ihr vorbeigerannt bin?). Während sie ihr Original vom

Vorlagenhalter des Kopierers nimmt, ungeschickt im Umgang mit dem vom Fotokopierer geschichteten Papier die Blätter der Auslage zusammenrafft, spricht sie mit mir über einen in meinen Augen belanglosen Wunsch, den ich ihr verspreche zu erfüllen, *nur nicht jetzt*, vor acht; sonst liebendgern, sicher. Ich schaue zu den Fremdschulmädchen hinüber, während sich die Meier in der Tür umdreht, so lächelt, als gelte es meinem Versprechen ihrerseits den Stempel der Verbindlichkeit aufzuprägen. Weiß selbst, wie zuverlässig ich bin! Die Schülerinnen haben noch immer Frust, ich lege mein Original auf, kontrolliere das Kopierergebnis, taste die gewünschte Auflage ein, die Meier ist längst raus, hinternwakkelnd, hüftschwingend, als ich das Hantieren der Mädchen nicht mehr mitansehen kann.

„Laßt mich mal ran! Was ist denn passiert? Ja, das haben wir gleich!" Noch immer rutscht mir dieses falsche »Wir« heraus, an dieser Stelle gesagt, merkt das vielleicht niemand. Ich freue mich immer über den Umgang mir den Realschülern, wenn sie mich akzeptieren, den Hauptschullehrer. Meine Realschulkollegen, mit denen ich ein Gebäude unter einem Dach teile, die Kollegen, die die gleiche Gehaltsstufe haben, aber eine Ermäßigungsstunde wegen des Sachverhalts Realschule aushalten müssen, die akzeptierten mich und uns als Hauptschullehrer nicht ohne weiteres. Uns haftet der Geruch des Praktischen an, PZ, Praktischer Zweig – gegenüber den Realien des Lebens – Realschule. Namen und Bezeichnungen kann man wohl schneller ablegen als Gefühle und Dünkel.

Hauptschullehrer, streng dich an!

Die Reparatur am Umdrucker kommt in geordnete Bahnen. Das Papierableitblech hatte sich verklemmt. Folge: Papierstau. Ursache: fremde oder ungeschickte Finger. Abhilfe: Herr Kurz. Die Mädchen lächeln zufrieden und ziehen ihre Bio-Blätter ab. Geschlechtsteile, denke ich unwillkürlich, die Biolehrer machen doch nur das eine, Geschlechtsteile der gemeinen Hauslaus im Längsschnitt. „Könnt ihr denn bei Frau Sportel nicht was Vernünftiges lernen?" – „Ja, na klar", sagt eine der drei Grazien mit den meisten Pubertätspickeln, „im nächsten Halbjahr sind wir endlich im Stoff der neunten..."

Sie unterbricht sich an dieser Stelle und bringt den Satz nicht zu Ende, beschäftigt sich mit den anderen Mädchen und den lose fallenden Umdruckerblättern, aber mir ist alles klar: Menschenkunde, Kinder kriegen, Kinder verhüten, was mache ich mit meinem Partner richtig oder falsch, Sexualethik, sehr viel Mo und wenig Ral. Das Elternanschreiben ist mir vom letzten Jahr noch in Erinnerung, Streit mit Frau Sportel um die Benutzung des Fotokopierers. Ich wußte zwar, wer zuerst kopiert, ist zuerst fertig, aber 15o Fotokopien für eine kleine Pause sind ein wenig zuviel. Dafür könne man ruhig eine Matrize benutzen, hatte ich ihr vorgeschlagen, das sei billiger. Ja, die Eltern mußten beim Thema Sexualität angeschrieben werden, gleichsam als Androhung, daß man mit ihren Kindern (ihrem Eigentum?) über Sex, Uali und Tät zu sprechen gedenke. Na, denke also über etwas Unmögliches, Unnatürliches. Unselbstverständliches. Verletzen wir die Privatsphäre der Eltern nicht ebenso, wenn wir über Arbeitslosigkeit, Sozialhilfe und Klimakatastrophe sprechen? Verletzen wir die Intimsphäre der Eltern nicht ebenso, wenn wir ihre Kinder pünktlich zu acht Uhr erwarten?

„Noch viel Spaß, und Gruß an Frau Sportel, sie möchte doch mal ein paar Arbeitsbögen abziehen lassen, die nicht klemmen!" Wir lachen. Wir lachen uns frei zu, weil wir nichts miteinander zu tun haben, außer dem gemeinsamen Schulhaus, dem gemeinsamen Schulhof und der gemeinsamen Benutzung der Vervielfältigungsgeräte und uns aber trotzdem achten. Die Realschüler sehen in mir wohl mehr den Erwachsenen und den Mann als den Lehrer. Frau Sportel wird den kleinen Seitenhieb – wenn ihn die Mädchen brühwarm bestellen sollten – verkraften und verstehen. Bei der nächsten gemeinsamen Hofaufsicht kann das Thema sein.

Ich schreibe die Anzahl der angefertigten Fotokopien in ein zerfleddertes blaues Heft, setze mein Kürzel »Ku« dazu und trage den Schülerinnen noch auf, den Raum gründlich zu verschließen, raffe meine Kopien und mache mich rasend auf den Weg in meine Klasse. Deutsch. Förderunterricht mit dem Bodensatz unserer creme de la creme.

Und dieHände! Wie sehen meine Hände wieder aus? Das blöde Billiglilablau der Matrizen geht schwer raus. Im Klassenraum gibt es kein warmes Wasser. Das erhalte ich nur im Lehrerzimmer oder im Sekretariat. Im Lehrerzimmer gibt es keine Seife, wenigstens gab es sie gestern nicht. Im Amtszimmer möchte ich mich jetzt nicht mehr blicken lassen. Also ab in den Klassenraum. Das Leben ist eben wie das Lehren eine schmutzige Sache, man schmiert sich wieder und wieder an.

Im Klassenraum der Deutschklasse gibt's nicht die erste Begrüßung durch meine Klasse, denn die gibt's schon auf dem halben Absatz zum dritten Stock. Von der Balustrade grüßen johlend drei meiner Schüler, zwei Jungen und ein Mädchen. Die Jungen hätten Pat und Patachon darstellen können. Fatma ist frisch und dunkelhaarig, modisch gekleidet wie immer. Mit einem beständigen Lächeln im Gesicht. Ich mahne zur Ruhe. „Pssst. Der Unterricht der anderen." – „Können Sie denn nie fehlen?" fragt mich Fatma leise auf rein freundschaftliche Weise, viel zu vertraut, als daß so im Verhältnis Schülerin – Lehrer gesprochen werden sollte. Mir fällt heute wieder nichts Tröstliches auf ihre Frage ein, außer dem Hinweis, daß eine Vertretung nie besser sein könnte als ich, also übergehe ich die Frage mit einem Lächeln. Hinten, im Flur, vor den Klassentüren, stehen zwei Frauen zusammen, zwei Lehrerinnen, und reden erregt lauthals über ein Thema, das sie beide gründlich vermeiden beim Namen zu nennen, und beim Herumgerede wird jedem nur halbwegs intelligenten Menschen klar, worum es geht: Heimwerken! Basteln! Die altbewährte, oftgenagelte, geleimte, brüchige, verwurmte Beziehungskiste.

Im Klassenraum herrscht Chaos, Durcheinander, Unordnung von Menschen und Sachen. Einige Schüler rufen meinen Namen in Form einer gepreßten Warnung. Einige vergessen, das kleine Wörtchen »Herr« vor meinen Namen zu setzen, soviel Höflichkeit sollte sein, aber das ist mir jetzt egal, wenigstens haben nach diesem Flüsterschreiangriff der Schüler aufeinander 90 Prozent der Anwesenden begriffen, daß ich im Raum stehe. Ich lasse noch einige obszöne Worte an mein Ohr, ohne darauf zu reagieren. Wer hat meine Ankunft heute wieder nicht bemerkt und repräsentiert einen von achtzehn Schülern? Wer ist, Minuten nach dem Stundenklingeln, immer noch in Pausenaktivitäten verstrickt? Semra! Ich bleibe in der Tür stehen. Warte. Es wird mir dabei nicht langweilig, eine Phase völligen Durcheinanderwuselns zu erleben.

Gegenseitiges Anstoßen, Ermahnen, Zuraunen, Sortieren von Besitz wie Schnellheftern, Schreibutensilien, Mappen, Lektüren des Boulevards, Lektüren abendländischer Kultur, Klebebildern, Kleidung, Frisuren, Möbeln, einfach auch Fressalien, Sitzalien, Schreibalien. Manchmal scheinen die Anwesenden froh darüber zu sein, daß wenigstens die Körperteile angewachsen sind und aus dem Such- und Ordnungsspiel herausbleiben. Eine halbe Minute täusche ich einen versteinerten Mann vor; harte Arbeit, dabei nicht zu lachen bei der unfreiwilligen Situationskomik einiger Schüler, bis ich diesmal ohne Wort auf dem Absatz kehrt mache, den Raum leise verlasse und bereits beim Schließen der Tür heftige Reaktionen hören. „Det habt ihr nun davon. Jetzt wird er wieda..."

Ich weiß nicht, was meine Schüler befürchten, die so reden, und was ich wieder... Die Kolleginnen stehen noch immer zusammen, diskutieren die Ereignisse der letzten Nacht oder den letzten Mann oder das letzte gewechselte Hemd, die letzte Schmach; die Gefühle, die stärker sind als die Pflicht der Beamtinnen, Dienst nach Schulvorschrift zu machen und die eigene Befindlichkeit von acht bis zwei beiseite zu lassen. Die zwei lassen sich durch mich nicht stören. Haben sie auch gar nicht nötig. Sie sprechen jetzt nur leiser, was ich viel besser finde, weil ich nicht automatisch mitdenken muß. Und Mitdenken ist in diesem Betrieb überlebenswichtig.

Jetzt, könnte ich meinen, wird es bei ihnen erst interessant. Aber das kenne ich doch selbst alles an mir. Das ist doch alles schon erlebt. Aber ich habe jetzt andere Probleme, meinen Jugendlichen, die etwas von mir bekommen sollen, etwas zu geben, was sie bis an ihr Lebensende benötigen: Kultur, Bildung, Pflichtbewußtsein – Quatsch. Heute bekommen sie, so habe ich es mir geschworen, nur Unterricht.

Die Wartezeit ist um, so etwa zwanzig Sekunden. Ich betrete erneut die Klasse. Ein Ruf nur. Halblaut. Kurz! Das Ausrufezeichen dürfte hier nur halb stehen. Halblaut, wie gesagt. Und ohne »Herr«. Lautlos erhebt sich die gesamte Mannschaft und Frauschaft, Mädchenschaft wie Jungenschaft. Wie mich das schafft, Löwenhöhlen zweimal zu betreten. Ich lächle auf dem Weg zum Lehrerschreibtisch einzelnen zu. Lächeln fliegt zurück. Ich genieße bei jedem Schritt die erzeugte Ruhe, die Konzentration auf mich und sich.

Kaum aber stehe ich am Platz, stürzen die ewig Selben auf mich zu, um etwas Unaufschiebbares loszuwerden, und ich sage mit der ewigselben Ruhe, aber etwas gepreßt und wie gezischt: „Jetzt nicht! Ich habe Euch doch noch nicht mal begrüßt!" Jetzt stehe ich still am Platz. Bedeute mit möglichst wenigen Worten, was ich noch erwarte: Jacken und Mäntel ausziehen, ruhig stehen. Kaugummi ausspucken, Walkman ablegen. Checken, was läuft, was angesagt ist. Stille. Erwartung. Spannung. Und in diese aufgeblähte Luft hinein ein ewiggleicher Satz geworfen, ein Schauspieler könnte ihn nicht präziser bei einem Dauertheatererfolg einsetzen, als ich bei 180 Aufführungen in dieser Klasse: „Setzt Euch bitte." Sprechpause.

Ich aber tue einen Teufel, lasse sich die Schüler setzten, mit gedämpftem Getöse geht das heute, wehre die nochmals Zustürzenden ab. Gleich. Gleich. Gehe ruhig zum Waschbecken. Kaltes Wasser reichlich. Eine halbleere Streudose Scheuersand, von der Reinigungsfrau stehengelassen, vom Waschbeckenputzen. Reinigung der blaulila Hände. Die schwarze Hand, kommt es mir in den Sinn, genauer: »Kai aus der Kiste« müßten wir als Klassentext lesen.

Ich würde die Schüler durch das Lesen von Ganztexten gern so verzaubern, daß sie das Lesen als kleine Oase für ihr Leben entdecken können. Pustekuchen. Büchereileiter sprechen. Genehmigten Bücherkatalog einsehen. Investitionsplanung abwarten. Keine schwarzen Kassen vorhanden, nicht erlaubt. Auch keine blonden Kassen. Brünette Kassen? Die blauen Hände sind nicht vollständig sauber geworden, besonders der linke Handrücken will nicht normalfarbig werden. Aber, es muß jetzt losgehen. Die Hände wische ich mir in Ermangelung eines Handtuches, das hier eine minütige Überlebenschance hätte, an der Hose ab. Glück gehabt, die Hose ist aus dunklem Stoff, der mir das hoffentlich nicht übel nimmt. Das Leben hier – man schmiert sich ja nur an. In die allgemeine Stille, die nun endlich herrscht, ruft einer von denen, die ich mit „jetzt nicht" abgefrühstückt habe hinein: „Herr Kurz, Sie sind der Netteste!" Wie soll ich das nun wieder auffassen? Mit wenigen Schritten bin ich vom Waschbecken wieder an der Tür und schaue wie ein Spion im Spielfilm durch den Spalt. Ruhe. Keine Kolleginnen auf dem langen, erleuchteten Schulflur. Es ist hellichter Tag! Schnell zum Schalter. Energie sparen. Stille. Außer mir kein Mensch.

Als ich wieder am Lehrertisch bin, die erste Aufgabe stellen will, fragt Ilka beinahe familiär, weil halblaut gesprochen und zu mir gebeugt: „Was war denn draußen?" – „Ach, nur einige fremde Schüler, die wollten nicht in die Klasse!" Und laut sage ich zu allen: „Nehmt jetzt die Hausaufgaben 'raus, na die Aufsatzübung." In meinen Gedanken bin ich noch bei meinen Worten »fremde Schüler«. Hätte ich sagen sollen, Frau Icks und Frau Ypsilon haben noch ihre periodisch auftretenden persönlichen Probleme besprechen müssen, die sie wieder nicht zu Hause lassen konnten?

„Wer hat das Arbeitsmaterial nicht dabei?" rutscht es mir heraus, dabei wollte ich heute nicht nach Liste kontrollieren, sondern einfach an den letzten Ergebnissen weiterarbeiten...

Einige sitzen noch nicht richtig. Das heißt, sie sitzen zwar einigermaßen korrekt auf ihren Stühlen, kippeln also nicht. Aber sie sollen *so* nicht zusammen sitzen. Aufgrund der zu guten Kommunikation in dieser Konstellation. Also ich: „Sandra setzt sich zu Sven, wie letzte Woche festgelegt!" Sandra gibt Widerworte, stöhnt laut, macht keine Anstalt, den Platz zu wechseln, brubbelt in ihr Halstuch. „Warum immer ich?" „Warum muß ich mir immer Eure pausenlose Konversation anhören und mir den Unterricht kaputtmachen lassen?" – „Na, geh' schon zu Sven", ruft Ilka Sandra zu, „mußt ihn ja nicht heiraten!" Mit großem Oh und Weh geht Sandra schließlich zu Sven, der die kleine Aufmunterung sicher vertragen kann, aber selbst darüber nicht erbaut ist, daß er nicht mehr allein vorn sitzen kann und mich mit einem Bulldoggengesicht anschaut. Sichtlich geknautscht. Sandra geht schleichend, zieht ihren Rucksack schleifend auf dem Boden hinterher, läßt keinen Umweg aus. Endlich nimmt sie widerborstig Platz. Sie platscht richtig auf den wehrlosen Stuhl. Endlich geht der »Unterricht« los.

II

Die Pausenaufsicht, werden jetzt einige denken, die mit dem großen Bereich Schule nur sanfte oder äußerliche Berührungen hatten, sei eine laue Sache. Aber der Weg bis dorthin. In die Pause. In die Aufsicht! Und wer seine Aufsichtspflicht ernst nimmt, den läßt eine Aufsicht, ob im Stockwerk oder auf dem Hof, in der Klasse, bei einem Sommerfest oder Sportfest, beim Wandertag und bei einer Klassenreise, nicht kalt. Ich bleibe bei einer Aufsicht immer in Trab, schon seit meinem ersten Schultag als Lehrer.

Es beginnt alltäglich, in allen Klassen einer Schule, in allen Schulen einer Stadt oder Region, wahrscheinlich überall auf der Welt, mit dem Pausenklingeln. Unsere Klingel hatte nach dem letzten Besuch der Monteure der Installationsfirma die Eigenschaft bekommen, laut anzuklingeln und nach Sekunden in eine halblaute oder viertellaute Klingelei zu verfallen. Das Angenehme daran ist, daß ein regelrechtes Zusammenzucken desjenigen, der nahe an der Klingel steht, verhindert wird. Millionen D-Mark an Forderungen für Berufskrankheiten sind so von meinem Arbeitgeber abgewendet worden. Alle Schulen, die ich kenne, die über richtige Klingelanlagen verfügen, unterscheiden sich im Klang des Klingelns, oder vornehmer ausgedrückt: des Läutens. Manche arme Neuschule, die Mittelstufenzentren z.B., weisen in diesem Bereich einen eklatanten Mangel auf, den jeder kluge Unternehmer bei der Einstellung von Auszubildenden auf seine Art bewertet. Die Absolventen dieser Schulart kommen in ihrem Oberschuldasein gar nicht mehr in den Genuß einer richtigen klingelnden Glocke oder läutenden Klingel. Diese armen Menschen müssen sich *gongen* lassen, mit der Signalwirkung einer Klingel – welche Schmach für einen alten Schulmeister muß das bedeuten? Welch intensiver Wunsch nach noch so müdem, schwingendem Eisen!

Die modernen Architekten hatten diesem Schultyp einen elektronischen Vierklanggong verpaßt, dessen Tonstufen die Schüler der siebenten Klassen noch in melodischsten Bemühungen nachsingen, bis sie merkten, daß der aktuelle Lehrer sich durch den Singsang seiner Schüler nicht täuschen läßt. Die Kerngruppenleiter mußten viel Zeit für die Anpassung der Kinder an die neue Schulform verwenden, bis es ihnen überdeutlich wurde, daß sich viele Gewohnheitsschüler lediglich nach der alten Schulglocke aus der Grundschule sehnten. Ihre schulische Konditionierung wurde durch den unpassenden Impuls der elektronisch erzeugten Klänge torpediert. Gute Erfolge hatten die Fachbereiche, die die Lautsprecher der Rundrufanlagen, die gleichzeitig für Durchsagen benutzt wurden, abbauten, für Schrott erklärten, auf allgemeinen Personenruf verzichteten (dafür wurde das »schwarze Brett« wiederentdeckt) und eine alte, übliche Schulklingel einsetzen. Dadurch wurde das Klingeln wieder zu dem, was es sein sollte: das Signal einzig und allein für den Lehrer, daß jetzt die Stunde zu Ende sein k ö n n e (!), aber nicht m ü s s e !

Ich habe noch nie verstehen können, weshalb dieses weitgehend unwichtige Signal so laut mitgeteilt werden muß. Für einen Feueralarm gibt es üblicherweise eine Hupe. Und üblicherweise richten sich die meisten meiner Kollegen nach den an ihren Gelenken befindlichen mehr oder weniger gut eingestellten, lautlosen Digitaluhren. Einige treffe ich nach Beginn oder Abstellung der Sommerzeit mit der falschen Zeit am Gelenk an. Und diese Fehleinstellung hält sich häufig solange, bis durch die große Umstellung auf die folgende Zeitperiode die Uhren wieder richtig anzeigen.

Viele meiner Kolleginnen und Kollegen benötigen aber weder dezente noch lautstarke Hinweise auf ein Stundenende. Sie haben gewissermaßen die Zeit im Blut. Sie haben ihre Stunden so ausgetimt (neuhochdeutsch: vielleicht mit »ausmessen« oder »bemessen« übersetzen), daß sie wirklich mit dem Läutesignal fertig sind. Weniger verwegene Geister, die nicht sosehr auf Risiko spielen, enden leider etwas früher und geben den gequälten Schülern eine kleine Konzentrations- oder Meditationsphase zur Vorbereitung auf die Pause hinzu. Die Schüler wickeln ihre Brote aus, so vorhanden, öffnen mit üblichem Spritzen ihre Getränkedosen und beschäftigen sich sanft mampfend mit der mitgebrachten Nahrung oder sanft oder weniger sanft mit dem Nachbarn. Ich halte eine solche Pausenstrategie des Lehrers für günstig, wenn sie auch aus Gründen der Arbeit mit dem Stoff nicht immer durchzuhalten ist. Die entspannten Schüler schonen Material und Nerven. Die Klassenzimmertür wird nicht mehr so erregt aufgerissen. Die Testberichte des Hausmeisters fallen günstiger für den einzelnen Lehrer aus. Und nicht wenige Lehrer müssen beim Hausmeister Punkte machen, um die nächste, von diesem knurrend entgegengenommene Kellerfete anzumelden, die an bestimmten Tagen für den Hausmeister Überstunden bedeuten. Die Schüler gehen gelassener, also weniger unfallgefährdet oder streitsüchtig in die Hofpause. Für den die Klasse entlassenden Lehrer entfällt das schiebende Auffordern, den Klassenraum endlich zum Hofgang zu verlassen.

Nur wenige Kollegen haben sich, wahrscheinlich wegen deren übergroßer Popularität, Quizmasterpersönlichkeiten aus den grossen Unterhaltungssendungen des Samstagabendfernsehens als Vorbilder genommen: sie überziehen regelmäßig und gern. Entsprechend sind die Testberichte des Hausmeisters vom Zustand des Mobiliars und des Klassenraums.

Insgesamt dauert es recht lange, bis eine Klasse wirklich leer von Schülern ist, es sei denn, die letzte Stunde beendet den Schultag.

Heute hat Ilka ihre Stullen für den Hofgang vergessen. Schon an der Treppe angelangt, löst sie sich aus der Gruppe ihrer Freundinnen und kehrt in die Klasse zurück. Popi und Sandra warten an der Tür des Klassenzimmers wie vor einer unsichtbaren Grenzlinie. Ilka läuft an ihren Platz, an mir vorbei, während ich schon am Waschbecken stehe, beim zweiten Versuch, die blauen Reste zu versorgen. Sie greift unter ihren Tisch, um die Brote zu holen. Mit einem Auge sehe ich, daß der laut geäußerte Erklärungssatz „Stullen vergessen" nur die äußere Fassade ihrer Handlung darstellt. In Wirklichkeit hat sie ihre Zigaretten vergessen, welche Sträflichkeit. Sie hat es wirklich gewagt, die teuren Zigaretten unter dem Tisch abzulegen und so meinem unvermuteten Zugriff auszusetzen. Meine Hände reiben kräftig aneinander. Mit kaltem Wasser und Scheuerpulver ist das Reinigen von blauen Lehrerhänden kein Spaßvergnügen. Ich lausche in mich hinein, ob ich es ihr gleich sagen sollte, vor ihren Freundinnen, damit alle etwas davon hätten, daß ich es immer noch nicht verstehen könne, daß sie ihren Lehrer noch so wenig kenne und für so blöd halte, den wirklichen Grund für ihre Rückkehr nicht zu checken. Ich lasse diese Idee für heute fallen, kann mir aber einige spitze Bemerkungen nicht verkneifen. Popi und Sandra stehen in der Tür, versteinert, ohne Teilnahme, meine Ansprache gilt ihnen – zum Glück – nicht. Popi mit ewigden-selben Winterhosen. Sandra mit dicker Strickjacke und dicker Regenjacke. Ilka mit ebenfalls zu warmem Pullover. „Teure Stul-len, haste vergessen, ungesunde Stullen; wußte gar nicht, daß man die Stäbchen jetzt »Stullen« nennt und essen muß."

Aus ihrem Verhalten ersehe ich, daß sie ins Grübeln kommt, welche Philosophien ich absondern würde. Ihr schneller Schritt, nach dem Greifen der Zigaretten und der schnellen Drehung, wird langsam und wieder schnell. Sie sagt, daß sie nicht verstünde, was ich gerade gesagt hätte, geht aber so eilig, daß sich kein Gespräch anbietet. In ihre Begleiterinnen kommt erst Bewegung, als sie zwi-schen ihnen hindurch auf dem Flur ist, der Treppe zueilt und sich nicht mehr umdreht. Die beiden trotten wie Vasallinnen der Hel-din, die den »Stoff« besorgt hat, hinterher. In meinen Gedanken zuckt der Wunsch, ihr die Zigaretten abzunehmen, um sie ohne »Stullen« in die Pause zu lassen. Heute mal egal. Chance. Nicht in den verätzten Seelen der Kinder herumrühren. Denn ohne Grund sind die nicht so... Vielleicht mit einigen Willigen der Klasse eine Nichtraucher-Gruppe aufbauen.

Auf dem Flur ist jetzt Stille eingekehrt. Die Stille, die man hat, wenn man allein in einem großen Haus ist. Von den Wänden wird mein Trittschall zurückgeworfen. Es ist das eigentümliche Ge-räusch von Gummisohlen auf Terrazzoboden. Zeitweise glaube ich, das Pepitamuster im Geräusch zu hören, zumindest doch die Terazzofarbe. Die Klasse lasse ich unabgeschlossen, ich stehe im Flur. Wer sollte die Klasse ungesehen betreten und sich an Taschen oder Wertsachen zu schaffen machen? Das Wetter ist gut. Die Sonne lacht. Also kein offensichtlicher Grund vorhanden, die Schüler nicht mit gutem Lehrergewissen auf den Hof zu schicken. Aber zwischen Schülern, einzelnen und Gruppen, gibt es auch Wetterlagen, unsichtbare, unspürbare, die der Normallehrer nicht

wahrnehmen kann, jedenfalls nicht jeden Tag und im Schnellver-
fahren. Also spielen einige Kandidaten, die für ein schlechtes Verhältnis zu ihren Mitschülern bekannt sind, die als Prügelknaben
oder Prügelmädchen herhalten müssen, noch die Toiletten-Karte
oder die Verstecken-Karte aus. Den Schülern gestattet die Hausordnung das Benutzen der Toilette nur zu Beginn und am Ende der
Hofpause, in der kleinen Pause nur in dringenden Fällen. Lehrer
mit Verständnis, aber auch leicht überzeugbare Persönlichkeiten,
gestatten mehr, als die Hausordnung zuläßt, wenn alles in üblichem Rahmen bleibt und die bekannten Pappenheimer nicht dabei
sind. Zwei Jungen, die von irgendwoher aufgetaucht sind sicher
Opfer des Starauftritts eines Talkmasters, der überzogen hat,
schließe ich die Toilette auf. Anschließend postiere ich mich so,
daß ich das Ende ihrer Toilettenbenutzung sehen kann. Ich schaue
mir wenige Sekunden das bunte Treiben auf dem Schulhof einer
Berliner Doppelschule an, als beide mit feuchten Händen erscheinen und den dritten Stock auf dem üblichen Weg über die breite
Haupttreppe verlassen.

Jetzt wird es Zeit für den Besuch auf der Empore, einem bei
Schülern beliebten Ort für angebliche Freiheiten. Es handelt sich
dabei um einen Treppenabsatz vor dem Dachboden, also ein Stockwerk höher. Die Anziehungskraft dieses von Durchgangsverkehr
verschonten Fleckes muß riesengroß sein. Für mich liegt seine
Anziehungskraft darin, daß ein Besuch dort als ein Muß für die Aufsicht im dritten Stock gilt. Üblicherweise entstehen an diesem Ort
durch Schüleraktivitäten Beschwerden des Hausmeisters an die
Schulleitung. Und damit entstehen Mitteilungen der Schulleitung
während der Konferenz an die Lehrer. Und daraus entstehen Gespräche zwischen Klassenlehrern und Schülern. Aber die bean-
standeten Handlungen finden kein Ende. Urinlachen warten dort
auf das Eintrocknen, menschliche Exkrementhaufen warten auf
das Ausstinken, weniger zu reden von halb abgerauchten Zigarren
und Zigaretten sowie schriftlichen Beleidigungen von Einzelperso-
nen oder Menschengruppen. Vor der verschlossenen Tür zum
Dachboden mache ich Halt. Ich lausche ins Nottreppenhaus hinein. Kein Laut, kein Geräusch. Der Pegel des Schulhofes hat nicht
die Kraft, bis hierher durch alte Schulmauern zugelangen. Auf dem
Fußboden liegen einige mir noch von der Aufsicht der Vorwoche

bekannte Kippen. Nichts Neues. Keine Graffitis. Nichts. Kein Anhaltspunkt für die Szenen, die sich sonst hier abspielen müssen,
und für die ein Erwachsener auch mit jugendfreundlichstem
Gemüt wenig Sympathie und wenig Verständnis entwickeln kann.

Zurück zum Haupttreppenhaus, mit Blick auf den Hof. Deutlich
kann ich einzelne mir bekannte Schüler erkennen, zwar nicht
sofort und eindeutig am Gesicht, aber die Farben der Bekleidung
und die Körperschemen geben deutliche Anhaltspunkte und Zu-
ordnungsmöglichkeiten.

Fritzchen wird von drei Mädchen »verkeilt«. Das heißt, zwei
Mädchen halten ihn fest, eine dritte hat freien Zuschlag. Werde
ihnen was erzählen! Fritzchen hat hier die Rolle eines passiven
Prügelknaben, kein Statistengehalt, eher Stuntman-Niveau. Tut ja
auch genug dafür. Die Mädchen werden einen vernünftigen Grund
angeben können – wie oft. Und ich kann ihnen dann nicht böse
sein. Als Mensch nicht und als Lehrer nicht.

Ein Kollege meiner Schule geht mit einem Schrittbegrenzer
über dem Hof. Ich weiß nicht, ob er selbst es bemerkt, daß er sich
lächerlich macht? Langsam über den Hof wandernd, trägt er seine
Kaffeetasse gefüllt vor sich her, genußvoll manchen Schluck
schlürfend. Trägt die andere Hand nicht seine Stulle? Wie will er
zwei Kampfhähne trennen? Fritzchen und die drei Mädchen sieht
der einfach nicht! Hört er einfach nicht; und ich weiß, wie Fritzchen schreien kann! Wie kann er schnell rennen, eingreifen,
zupacken? Derartig immobil ist er ein Beispiel für den statischen
Lehrer, die Größe, die zur völligen Berechenbarkeit herunterge-
kommen ist.

Ich mache meine Runde durch den Flur und beginne, alle Klas-
senräume aufzuschließen. Es wird gleich klingeln, die anstürmen-
den Schüler wollen in ihre Klassen. Nichts ist ein größerer Test für
Menschen, Material und Lehrernerven als ungeduldig an den
Türen zerrende Schüler. Ich ziehe mein Schlüsselbund an einer
Kette aus meiner rechten Hosentasche. Mit einem Griff finden die
Finger den besonders geformten Klassenschlüssel. An manchen
Tagen besteht mein Dienst zu dreißig Prozent aus Schlüsseldrehen,
denke ich. Nackter als nackt kann ich gar nicht sein, als an dem
einen Tag im Jahr, an dem ich die Zeichen meiner Würde, mein
Schlüsselbund, zu Hause liegenlasse. Wie müssen sich Schüler in

einer solchen Institution fühlen? Aber die können ja noch den Lehrer holen und auf ihn schimpfen. Ich möchte den Kollegen sehen, der mir für einen Tag seine Schließeisen leiht, um selbst »nackt« vor verschlossenen Türen zu stehen. Entsetzlicher Gedanke.

Manche Schüler stehen auf dem Hof als regelrechte Freßmaschinen. Nahrung, auch Kaugummi, Bonbons, Lutschbares und Trinkbares auswickeln, auspacken, hervorkramen, entdeckeln, auswickeln. Und das am liebsten den ganzen Tag lang! Zwischen den Schülern wird irgend etwas hin und her gereicht. Manchmal sieht es von weitem so aus, als würde eine Ware gegen Bezahlung entgegengenommen. Manchmal sieht es so aus, als würde nur Nahrung getauscht. Hier ein Schluck, da ein Bissen. Es ist schon seltsam, daß sich die betreffenden Schüler nach allen Seiten umsehen, wenn es wirklich nur um Stullen geht. Aber ich bin zu weit entfernt, um Einzelheiten zu erkennen.

Ein Läutestoß beendet die Hofpause. Hochgehen der Schüler. Ich wundere mich jedesmal erneut, wie schnell es die ersten Schüler schaffen können, vom Hof in den dritten Stock zu eilen. Fast möchte ich meinen, daß die Klingel die letzten Töne noch nicht beendet hat, da stehen sie da und fordern einen offenen Klassenraum und eine offene Toilette. Alles Paletti, denke ich und schlendere über den sich füllenden und wieder in die Klassen sich leerenden Flur. Schaue darauf, daß sich die Testfälle an Menschen und Gegenständen in üblichen Grenzen bewegen, daß keiner bluten muß oder gequält wird, schaue über die hinweg, die noch schnell Hausaufgaben ergänzen oder eilends abschreiben, ob Gelegenheit dazu ist oder nicht. Wenigstens bemühen die sich noch, etwas Vorweisbares zu haben, andere sind nicht einmal mehr mit dem Wunsch ausgestattet, Hausaufgaben abzuschreiben.

Ein zweites Läuten ruft mich zu meiner Klasse. Der Unterricht beginnt im zweiten Doppelblock. Routine, heute, aber in Sekunden kann aus der Routine böse Einmaligkeit werden.

Stundenende. Die Letzten der Klasse verlassen gerade das Stockwerk. Ich setze mich nach fast neunzig Minuten des Umherwanderns auf meinen Lehrerstuhl. Mein Lehrerstuhl! Eine Krücke ist das! Der ausgesucht verbogenste Stuhl der gesamten Klasse. Jetzt sehe ich es erst! Wer hat mir den bloß untergeschoben? Ein

Modell, das sich von den anderen, auf denen die Schüler sitzen, durch besondere Schäbigkeit unterscheidet. Die Sitzfläche zeigt verschiedene Spuren künstlerischer Bearbeitung. Millimetertief sind Liebesschwüre eingeschnitzt worden. Mit einem dünnen Filzer nachgezeichnet. Das macht heute kein Jugendlicher.

Ich muß doch noch die Leiterin der Sammlung für Bildende Kunst fragen, seit wann nicht mehr mit Linolmessern gearbeitet wurde. Andere Linien hat ein breiter Benzinstift hinterlassen: Einladung zur blasenden Befriedigung eines wohl männlichen Schreibers, Irrtum eingeschlossen. Zum Glück kein Hakenkreuz oder das provokante »KISS« mit den spitzen »S«, zum Glück. Aber auch daran haben wir uns gewöhnt und nehmen die Provokationen, wenn sie auftreten, gelassen hin.

Die Stuhlbeine aus dünnem Rundmaterial stehen so extrem in alle Himmelsrichtungen und bewirken ein fast automatisches Kippeln, daß ich dieses Sammlungsstück beim Hausmeister abliefern werde Zum Verschrotten. Negativer Test. Für den Stuhl.

In Gedanken gehe ich die vergangene Unterrichtsstunde durch. Zuviel Leerlauf, bis das Arbeitsmaterial verfügbar ist. Das Borgen, Hin- und Hergeben von Material, das gegenseitige Aushelfen mit Schreibutensilien, hält mich zu sehr auf und lenkt die Schüler zu stark vom Eigentlichen ab. Nebenbei werden Briefchen geschrieben. Besonders die Mädchen versuchen, darin eine Meisterschaft zu erreichen, die sich kein Außenstehender, speziell ein Elternteil, vorzustellen vermag. War die Stuhlbeschriftung, das eindeutige Angebot, wirklich von einem Jungen? Kaum ein Sachverhalt ist hier zweifelsfrei. Die Mehrzahl der Schüler hat den Arbeitsauftrag nicht erfüllt, die Grammatikbücher mitzubringen. Keine Haushefte vorhanden. Ich gelobe mir, in Ermangelung eines anderen Menschen, selbst Besserung. Nein, die Tür ist nicht offen, die Reinigungsfrau steht noch nicht im Raum. Niemand hat das Selbstgespräch hören müssen. Ab jetzt: zu Stundenbeginn: eine Hefterkontrolle, Arbeitsmaterial vorweisen, Listen führen, Nachbleibetermine vereinbaren, Elternbriefe schreiben. Werde ich das durchhalten? Und vor allen Dingen, wird es etwas nutzen und werden die Schüler das durchhalten?

Vor dem Amtszimmer ist die graue Bank leer. Ich lege den Aktenkoffer auf den Tisch und schiebe den todkranken Stuhl der

Bequemlichkeit halber unter den Tisch. Werde ihn erst anschließend abholen und zum Hausmeister bringen.

Mit der Sekretärin »kämpfen« mit höflichen und eingeschränkt höflichen Worten drei Schüler um den Erhalt einer Schulbescheinigung, die die Sekretärin mit Recht nur einmal im Jahr ausstellt, und wenn ein neuer Verwendungszweck mit einem Formular einer anderen Dienststelle nachgewiesen wird. Es muß für viele unserer Schüler besonders schwer sein, in diesem Dialog den schmalen Weg der Höflichkeit nicht zu verlassen. Die Sekretärin hat mit dem Erteilen oder Nichterteilen der Bescheinigung einen sehr langen Arm. Viele meiner Kollegen wünschen sich eine ähnlich eindeutige Position den Schülern gegenüber. Der Sekretärin gegenüber haben die Schüler ihre abhängige Rolle schnell begriffen. Ihr kommt niemand dumm. Und wenn, dann nur einmal.

In einem ähnlichen Dialog mit einem Lehrer wäre kein Schüler so lange höflich und kein Lehrer so lange unnachgiebig wie unsere Sekretärin geblieben. Die Schüler haben sehr schnell durch Beobachtung herausgefunden – so lautet meine einfache Erklärung – wer hier normaler Mensch und wer hier Pädagoge ist. Die Pädagogen haben eine lange Leitung und viel Geduld, aber die »normalen« Menschen verhalten sich oft eindeutig und richtig.

Ich spreche in den Streit hinein und darüber hinweg. Kläre, daß das Chefzimmer frei ist, der Chef allein ist und nicht telefoniert, das heißt nach unserer Schulpraxis, daß er gesprächsbereit ist. In anderen Schulen habe ich das anders kennengelernt. Dort war die Abschirmung durch die Sekretärin allumfassend. Soviel korrekte Hemdsärmeligkeit wie bei uns kann sich wohl nur eine lebende Hauptschule leisten.

Kurze Begrüßung. Der Schulleiter schaut kurz hoch, schreibt oder malt noch an einem Schriftstück herum. Anstreichungen, Fragezeichen, eine Schülerklassenarbeit, soweit ich das schnell und aus der Entfernung sehen kann, mit den Korrekturen eines Kollegen, die er nachkorrigiert. Meine? Dann Sprechzeit. Nichts Besonderes! Zum ersten Februar würden wir (dieses falsche »Wir«, natürlich die Schule, nicht jemand persönlich) Auszubildende erwarten, zwei Lehrerinnen, ob ich eine übernehmen könne – und wolle? – Fächer? Nein, dieses Semester nicht. Mal aussetzen. Die anderen seien dran. Auswahlmöglichkeiten geben. Mal sehen. Zunächst abwarten. Es im Ernstfall den Kandidatinnen überlassen. Probleme mit der Klasse. Versuchen, die Klassenlehrerin zu entlasten. Wiedersehen. Im Gang stehen zwei Kollegen.

– *Schon die Nachrichten gehört?*
– *Ne, wat denn?*
– *Die Amis haben die letzte Pershing I zerstört. Die Russen haben sich das angesehen.*
– *Ach!*
– *Und Südafrika hat seine erste Mitttelstreckenrakete getestet. Erfolgreich!*
– *Is det die Möglichkeit?*
– *Die spinnen, die Römer.*
– *Und gestern, das pilotenlose Kampfflugzeug Mig 23. Aus Polen kommend, da war der Pilot über der Ostsee ausgestiegen, Maschinenschaden. Und die Polen haben das Teil nicht auf ihrem Radar gefunden! Und die Maschine ist ohne Mann bis nach Belgien geflogen und abgestürzt. Ein toter Zivilist!*
– *Laß dir nichts auf den Kopf fallen!*
– *Schönen Tag!*

III

In einer Ecke des Lehrerzimmers sehe ich eine Kunstlehrerin. Auszubildende. Seit einem Jahr bei uns. Heute mit einem weiten Kleid in Popfarben, sonst mit blauer Latzhose, selten lila Latzhosen. Mit einem Auge erkenne ich, daß es ihr nicht gut geht. Sie hält den Kopf zwischen beiden Händen, die Finger zwischen die kurzen, im Grundton braunen, aber jetzt roten, Haare gesteckt, die Arme auf dem Tisch aufgestützt, der Körper insgesamt vom Leben der Kollegen abgewendet. Das sind keine Kopfschmerzen, denke ich, irgendwo hat es geklumpt.

Ich gehe um den Tisch herum, sehe, daß Tränen geflossen sind. Mit einer schnellen Handbewegung wischt sie ihr Gesicht trocken. Sie sieht mich offen an, aber in dem Gesicht lese ich: Katastrophe. Ich lade sie mit ein wenig Zureden, am Arm fassend und ziehend, in ein kleines Straßencafé ein. Es werden zwei Kännchen Kaffee und zwei Stücken Torte für uns. Auf der Straße stolpert sie an einer Ausbesserungsstelle und hält sich an mir fest. Ihre Hände – ein warmes, heißes Schweißbad. Ich lege, um sie zu stützen, meine Hand um ihre Hüfte und bemerke durch das Kleid hindurch ihre zu hohe Körpertemperatur. Und Schreckschweiß.

Im Cafe, nach dem Bestellen, frage ich, was denn passiert sei? Sie schiebt jetzt wieder routiniert lässig die dunkle Sonnenbrille von der Nasenwurzel ins Haar und berichtet mir ohne Lächeln und beklemmend trocken distanziert, daß die Reinigungsfrau nach Unterrichtsschluß im Klassenraum erschienen wäre, sie habe ihr gesagt, daß das mit der Sauberkeit beim Verlassen des Raumes nicht gehe. Erst letzte Woche habe sie nach ihrem Unterricht eine halbe Stunde lang alle Tische von den eingetrockneten Deckfarben befreien müssen. Und der Unterricht sei ihr ebenfalls nicht recht.

Zu laut. Ein bißchen Tumult, hat Frau Krause, die Reinigungsfrau mit Berufserfahrung, gesagt, sei vielleicht akzeptabel, aber nicht *das*. Und wenn sie Zeitungspapier unterlege, solle sie das beschmierte Papier auch nach Unterrichtsschluß von den Schülern in die Müllcontainer auf den Hof bringen lassen. Alle machten das so.

Christina Losseck läßt für wenige Sekunden kleine, heiße Tränen rollen. Aufschluchzen. Greift nach meinem Arm, trocknet ihre Tränen mit einer großen Umarmung an meinem Hals. Sieht das jetzt ein Schüler und erzählt es weiter, werden wir Tagesgespräch sein dürfen. Was gehen wir auch ins Straßencafé? Siebenhundert Schüleraugen suchen Ziele – und finden ihre Lehrer!

Insgesamt für mich ein bißchen viel Durcheinander, denke ich. Ich versuche, zu sortieren, wer oder was die Tränen ausgelöst habe. „Die Reinigungsfrau", sagt Frau Losseck.

„Die Reinigungsfrau?" frage ich zurück und lasse die Frage in der Luft stehen. Es kommt heraus, daß in der nächsten Woche ein Seminarbesuch anstehe, die Seminargruppe käme mitsamt zwei Seminarleitern und sie wisse noch nicht, wie die Stunde aussehen könne, die Schüler spielten verrückt. Unterricht sei so liberal, wie sie ihn angehe, scheinbar nicht möglich, wenn selbst die Reinigungsfrau Anstoß daran nähme.

Ich komme aus dem Zurechtrücken nicht heraus. Erstens hat die Reinigungfrau mit der Pädagogik, die hier betrieben wird, nichts zu tun. Zweitens ist eine Woche zur Vorbereitung einer Vorführstunde nicht sehr viel, wenn man im Planen von Unterricht nicht ausreichend geübt ist. Drittens kann es im Unterricht für Bildende Kunst ruhig etwas lauter und etwas schmutziger zugehen, wenn etwas dabei herauskommt. Selbstverständlich muß anschließend wieder der Normalzustand für Tafel-Kreide-Unterricht hergestellt werden. – Was denn die Mentorin dazu sage. „Fehlanzeige, wir verstehen uns menschlich nicht!" lautet ihre wenig ermutigende Antwort.

Die Mentorin hatte mir einmal von einem Flugblatt erzählt, das sie bei Tina gesehen habe. Frauengruppe, Flugblatt lila gedruckt. „Seminar: Nur für Frauen! Aufrecht leben – aufrecht pinkeln! PP-Becken auch für Frauen!" Eine Weile lang habe ich Tina aus diesem Emanzenwinkel betrachtet und eher einen gelinden Bogen um sie geschlagen, als sie nach dem Flugblatt zu fragen. Sehr frauenbewegt sieht sie ja eigentlich nicht aus, eher als Geschädigte dieses Erdrutsches, denke ich, während sie über ihre verunglückte Beziehung zu ihrer Mentorin spricht, ihr Leben mit leichten Federstrichen mehr verwischt als skizziert und eine Menge Sorgen bei mir endlagert. Ich denke an einen guten Freund von mir, der hat eine Männergruppe »gemacht« und eine zeitlang an jedes erreichbare Klo den Spruch geklebt: „Um das Klo nicht zu bespritzen – sollten auch die Männer sitzen!" Ich erkenne in der Gegenläufigkeit der Bewegungen nur die Läufigkeit der Welt und Eulen und Nachtigallen.

Die Mentorin habe ihre Planungen zur Korrektur angenommen – und rot angestrichen zurückgegeben. Zur Nachkorrektur. Mir hatte man meine Arbeiten immer schwarz oder blau angestrichen. Ich erkenne beim Nachsinnen, daß ich Tinas Mentorin gar nicht richtig kenne. Sie ist eine Frau mit korrekt-modischer Kleidung und einer spitzen Zunge. Mir erscheint es nicht mehr sinnvoll, Auszubildende an Spitzzüngige zu geben. Aber ich behalte es zunächst für mich.

Ich kann Frau Losseck nicht ermutigen, die Seminargruppe »vorzuführen«, das hieße, den Spieß umzudrehen, die Beobachtenden zu den Geprüften zu machen. Tina muß eine stinknormale, langweilige aber formal korrekte Besuchsstunde mit etwas Esprit, aber nicht zuviel, abliefern. Und das schriftlich, in zehnfacher Ausfertigung. Mit aktiver Handlung einer Lehrerin, fünfundvierzig Minuten lang. Zwanzig Voyeuraugen zu den neugierigen Schüleraugen dazu.

Ich kratze mein Verständnis von Bildender Kunst im Schulunterricht zusammen, gebe etwas allgemeine Didaktik dazu, frage, frage, verstelle keinen Weg durch voreilige Antworten und lasse mir von der Kollegin verschiedene Vorschläge für ihre Besuchsstunde entwickeln. Stellenweise sprudelt sie geradezu von Ideen. Als wir mehrere Modelle durchgekaut haben, sage ich: „Und nun mußt du das nur noch geordnet aufschreiben, und schon bist du fertig! Eine halbe Seite Sachanalyse, eine halbe Seite didaktische Analyse. Und schreibe nichts, was du nicht einhalten kannst!"

„So einfach?" – „So einfach" – ist meine Antwort. Ich verspreche ihr, zu morgen Stundenentwürfe meiner ehemaligen Auszubildenden mitzubringen und die Entwürfe in ihren Strukturen durchzusprechen. Wir verabschieden uns. Sie zieht sich noch ein Jäckchen an. Ein Cognacchen. Benötigt sie hochprozentigen Trost? Sie läuft, um etwas meditieren zu können, den Weg zur übernächsten U-Bahnstation. In mir taucht das Bild von Heinrich von Kleist auf, „Über die allmähliche Verfertigung der Gedanken beim Reden". Tina hat wahrscheinlich niemanden, mit dem sie einfach über ihre Probleme reden kann, um sie dadurch selbst zu lösen. Find' heute mal einen, der intelligent zuhört. Viele wollen nur ihre eigene Soße loswerden. Bei Mülleimers. Die Klumpen sind etwas losgerührt, aber es wird weiter klumpen, das sagt mir meine Erfahrung. Vielleicht wird sie nie Beamtin werden – oder werden wollen.

Ich denke lächelnd zurück an die im Nachhinein vielleicht »schwerste« Prüfung meiner Verbeamtung. Ärztliche Untersuchung. Heißer Tag in einer Reihe von heißen Tagen. Gesundheitsamt. Termin. Im Vorzimmer eine Schülerin aus meiner ersten zehnten Klasse; jetzt dort als Schreibkraft beschäftigt. Wir grüßen uns... Small talk, wen es denn noch an der Penne gäbe... Ich stand Minuten später in Unterhose im Untersuchungszimmer, die Ärztin kam, begrüßte mich freundlich mit Handschlag, zeigte mir durch den offenen Arztkittel ihre losen Brüste und frechen Brustwarzen. Schaute an mir herum, tastet, drückte, bewegte. Machte Notizen. Und der weiße Kittel fand wenig Gelegenheit, sich zu schließen. Ob das zur Prüfung gehörte? Damals war ich mir nicht sicher. Und als sie die Lunge abgehört hatte, sollte der Puls gemessen werden. In meiner Hose hatte es verständliche Aufregung gegeben, die auch durch ihre Worte: „Und jetzt bleiben Sie mal ganz ruhig!" kein Ende fand. Ruhig bleiben. Darum bat sie mich. Bei *den* Angeboten, keine Chance, zur Ruhe zu kommen. Die junge Ärztin mag nichts vom Grund meiner Aufregung mitbekommen haben. Ich müßte mal in meiner Personalakte meine damalige Pulsfrequenz nachlesen... Die Ärztin monierte meine Herzfrequenz ohne Belastung. Weshalb ich ein so schnelles Herz hätte, hier und jetzt? Ruhe gab erst das Tosen der Straße, als die Untersuchung zu Ende war. Verbeamtung schließlich erreicht.

Auf dem Weg zu meinem Auto: Schlangenlinienlaufen wegen der unvermeidlichen(?) »Tretminen«; die Berliner Hunde – mit je einer an den Hundehals angeketteten Dame. Oder einem hundegesichtigen Herren. Auf unversiegeltem Boden, an einem Baum, mehrere Scheißhaufen. Auf zwei Scheißhaufen, groß und hart, ein kleiner, weicher, noch laufender Schiß. Auch der Kinderspielplatz an der Schule zugeschissen von Hunden, überlagert von Bierdosen und Flaschen des Abends und der Nacht und den Cola-Dosen des Tages. Die Tischtennisplatte – eine waagerechte Graffiti-Spielwiese, daß man den hellen Plattengrund nicht mehr findet. Und abends Thekenplatz für Alkis. Und morgens stehen hier die leeren Einwegflaschen Spalier. Und in dieser Dreckswüste will meine Schule sauber bestehen. Ich möchte auch sauber durchkommen. Mag es in den Seelen meiner Klientel aufgeräumt und sauber zugehen? Meine Seele?

Fast jeden Nachmittag treffe ich, müde von der Schule, wenn ich an der Tischtennisplatte vorbeikomme, einen Mann in mittleren Jahren, gut angezogen, nichts Besonderes. Der trinkt da seine Fanta, die er vorher mit Klarem aufgepept hat. Ich muß dann immer an Kollegen Trollmann denken, der trank auch immer Fanta. Meist beim Hausmeister. Und nie habe ich ihn eine Dose öffnen sehen.

Auf meinem Heimweg Stau. Nicht angekündigt durch Schilder oder Radio. Aber real existierend. Eine mehrfach ellenlange Engstelle. Vor mir, neben mir, hinter mir tuckernde Autos. Ich selbst für eine halbe Stunde ein tuckerndes Automobil, das gerade noch rollt, und Anfahren mit Abgasschwaden. Die Straße wird für eine neue Busspur markiert. Richtig so! Für mich würde der Weg zur Schule mit dem Bus eine Dreiviertelstunde dauern. So nur fünfzehn Minuten mit dem Auto. Also mache ich weiter so. Im Stau erinnere ich mich brandheiß, daß ich den Schrottstuhl stehengelassen habe. Morgen muß ich eher an ihn denken.

Neben mir rollt langsam ein Bus der Berliner Verkehrsbetriebe. Den Mitfahrern, denke ich, haben sie ganz schön zugesetzt. Dort, in Augenhöhe der sitzenden Mitfahrer, klebt ihnen die Reklame der BVG die Sicht wie mit einem Balken zu, und dort, wo der Blick nach draußen frei wäre, haben Graffiti-Künstler ihre »Takes« gesetzt. Kein Durchblick mehr möglich. Zugemalte Scheiben von Privatautos habe ich im Stadtbild noch nicht entdecken können.

An der Tankstelle tränke ich meinen Benzinesel. Treuer Schlepper für Mann und Material. Benzin hält Karosserie und Zündung zusammen. Ich hänge die Zapfpistole in den offenen Autoschlund, fixiere den Befüllmechanismus und trete einige Schritte zurück. Die Benzindämpfe sollen mich nicht vergiften. Benzin hält Auto und Straße zusammen, denke ich. Die Tankstelle könnte ihre Zapfanlage ruhig auf das Gaspendelverfahren umstellen!

Ein junger Mann kommt auf mich zu. Ohne Kittel, zivil gekleidet, kein Angestellter der Tankstelle – habe ich etwas falsch gemacht? Eine Hilfeleistung?

Rauschebart, nicht allzugroße Erscheinung, höchstkorrekt gekleidet. Er wünscht mir höflich einen guten Tag, ich wünsche zurück, und er spricht mich mit meinem Namen an. „Erkennen Sie mich denn nicht?" Bei »Erkennen« muß ich an einen alten Schüler denken. Bei »Kennen« hätte ich einen vergessenen Bekannten vermutet. Ratter, ratter, meine Denkrelais sind jetzt, außerhalb der Schule, genauer außerhalb des Schulbetriebs, nicht auf schnelle Tätigkeit eingerichtet.

„Kannst du denn nicht einmal in deinem Leben höflich sein!" poltert es mit aufgestautem, explosionsartig freigesetztem »kannst du« aus mir heraus. Mein Gegenüber lacht. Also richtig.

Früher hatte er mit seinem Kumpel (Mitschüler wäre ein Begriff, der die enge Beziehung der beiden zueinander zu weit gedehnt hätte) ein nicht zu vergessenes Schauspiel gegeben. Selbst war er – wie ständig – zu spät im Klassenraum erschienen. Sein Freund kam fünf Minuten später mit der Mappe in der Hand, direkt von zu Hause. Um Stunden verspätet. Ich ließ ihn nach den üblichen Fragen sich setzen. Neben seinen »Freund«. Dieser wartete, bis der Verspätete saß, wandte sich zu ihm und schrie ihn in die Stille der Klasse hinein aus vollem Halse an: *„Kannst du denn nicht einmal in deinem Leben pünktlich sein?"* Ein grobschlächtiger Scherz, zugegeben, aber der Kumpel zuckte nicht schlecht. Na warte, sagte ich mir, das gibt ein Rückspiel. Manchmal kommt die Strafe von einer unerwarteten Seite. Im Verlauf des Unterrichts driftete Thomas – jetzt habe ich den Namen – in den sanften Schlaf des Gerechten, jedenfalls paßte er nicht auf und legte den Kopf auf den Tisch. Ich kam auf ihn zu. Keine Reaktion. Mein Gesicht vor seinem schlafenden Gesicht. Aus vollem Leibe, und Pauker können schreien, schrie ich ihn an: *„Kannst du denn nicht einmal in deinem Leben aufpassen???!"*

Die Klasse johlte im Einverständnis mit meiner Handlungsweise. Die Seele der Klasse war gut getroffen. Thomas, der ewige Zuspätkommer, das herzliche Rauhbein, war verblüfft. Endlich hatte ihm jemand mit gleicher Münze heimgezahlt. Thomas bedankte sich bei mir für die »freundliche« Ansprache und bohrte sich mit den Fingern in den (sicherlich summenden) Ohren – und lachte. Und Lachen ist im Schulbetrieb so gesund und nicht durch Arbeitsbögen und Lehrbücher zu erzeugen und durch nichts zu ersetzen. Da muß Menschliches her.

Seitdem haben wir uns häufig im Schulhaus, häufig mit immer neuen Eigenschaften und Tätigkeiten (wie schneller gehen, krank sein, Hausaufgaben machen), am Ende mit der Bezugnahme auf das einmalige Leben, begrüßt. Manchmal so, daß sich Kollegen, Schüler weniger, nach uns umdrehten. Schulfreundschaft.

Heute im Außendienst einer von ihm nicht genannten Firma beschäftigt. Dienstwagen. Nobel. Schön, wenn der reife oder reifere Thomas seinen älter gewordenen Lehrer noch erkennt und ihm, stellvertretend für das Schulsystem, nicht über die nicht abgeschlossene Schulzeit grollt. Sind schon einige Jahre vergangen, seitdem. Schulzeit hält Schüler und Lehrer zusammen, geht es mir beim Zündschlüsseldrehen durch den Sinn.

Zu Hause fragt mich meine Frau mit Blicken, woher der Lippenstift an meinem Hemdkragen käme. Die Antwort hieße: Tina Losseck. Aber ich sage: „Betriebsunfall. Kommt vor!"

IV

Regenpause.

Der Hofgang der Schüler ist durch ein wiederholtes Glockensignal »abgeklingelt« worden. Das heißt, daß nach dem Anklingeln von wenigen Sekunden das Klingeln wiederholt wird und nochmals wiederholt wird und nochmals, bis es endlich im Schulflur nachhallend leer ausläuft. Aber so lange bleibt es selten ungedämpft. Die Schüler stürzen, obwohl abgeklingelt wurde und der Hofgang verboten ist, mit allen Kräften zu den Türen heraus. Der Flur ist sekundenschnell angefüllt mit Schülern aller Klassen, die sich stoßend, drängend, lärmend zum Hof bewegen. Nur an wenigen Tagen ist der Aufsichtsorganismus der Lehrer so schnell installiert, daß es gelingt, die Schüler im Haus zurückzuhalten und in die Klassen zu verweisen. Raucher sind schon hartgesotten, muß ich allzuoft denken, denn einige Schüler kommen bei einer Regenpause erst zu Stundenbeginn klatschnaß vom Hofgang – inclusive Atmen schlechter Luft zurück - was es zu verhindern gilt durch strenge Aufsicht, schnelleres »Installieren des Aufsichtskörpers«, wie der Rektor bei jeder zweiten Konferenz nicht zu betonen vergaß. „Liebe Kolleginnen! Liebe Kollegen! Der Hofpause bei Regen, dem sogenannten Abklingeln, muß mehr Aufmerksamkeit geschenkt werden! Wir müssen daher..."

Als bei meiner Hofaufsicht abgeklingelt wird, strömender Regen, alle Raucherschüler durch hartnäckiges Antreiben wieder im Klassenzimmer, nichts mehr zu beaufsichtigen, kommt der Hausmeister zu mir. Ich sehe wenig aktiv aus dem Fenster vor seiner Bürotür direkt auf das Pfützenspiel auf dem Hof. „Nischt los, heute?!" Herr Neumann hat gute Laune, das sehe ich ihm sofort an.

Ich habe heute gar keine Laune. Noch eine Arbeit dringend zu korrigieren, das Auto aus der Reparatur holen, neuer TÜV kostet Geld und Nerven, nein, extrem gute Laune kann ich nicht an mir entdecken. Eher Neutrallaune, Pokergesicht eines Fünfundzwanzigstundenpaukers. „Wie war der Test heute?" Ich grummle: „Heute alles haltbar gewesen wie selten, kein Stuhl kaputt gegangen, nur die Tafel würde herrlich klemmen, sie ließe sich auch mit Leibeskräften nicht nach oben schieben. Die Leistungen der Kinder zum Heulen, wie immer"

„Die olle Turnhalle da, die hat ooch mal wieder Farbe nötig!" sagt Neumann langsam, als nähme er die Worte aus den Regalen eines Supermarktes. Ach ja, die alte Turnhalle mit der Berliner Bonbonfarben-Außenhülle, innen gar nicht übel für einen kleinen Schulbetrieb und die kleinen mitnutzenden Vereine, aber außen. Bonbonfarben! Und dann noch die Schülerschriften, Malereien, Beschmierungen, Ballabdrücke, Fußabdrücke einer Kampfsportart, die den männlichen Schülern besonders in den Muskeln zuckt. Manchmal, entsinne ich mich, ist eine alte Oma stehengeblieben, mit der Bitte, mal den Hof sehen zu dürfen. Hat sich an lange zurückliegende Schuljahre erinnert. Damals, als noch Mädchen und Jungen getrennt diese Schule besuchen mußten. Abgeblätterter Verputz, undichte Regenrinne. „Und die Turnhalle – immer noch so häßlich gestrichen, nicht renoviert, wie zu meiner Schulzeit!"

„Wenn ena" – der Hausmeister holt jetzt weit aus, ich kenne das schon, aber ich schätze es nicht sonderlich. Es war diesem Redeschwall schwer auszuweichen, sozial konnte ich dieser Verstrickung in Kommunikation nicht entgehen. Ich muß hier bis zum nächsten Glockenzeichen ausharren. Insgeheim bitte ich, ein Schüler möge kommen, mich irgendwohin rufen – „oder zwee draußen an die Schultüre 'ne Parole anschmieren, da haben die beim Amt jetzt 'ne schnelle Truppe, alles arbeitslose Maler, ja, jetzt nicht mehr arbeitslos, meene ick, die kommen schnell und malern die Stelle neu. Jeht wirklich blitzschnell!" Neumann holte nur kurz Luft, dann geht es in seiner endlosen Rede weiter, für mich keine Chance zum höflichen Dazwischenreden: „Vorjestern, da hatten 'se eine deutsche Schicksalsrune, so'n Zeichen von dem, den se nicht heilen konnten, ein unjeübt jemachtes Hakenkreuz an die Tür gebracht, daneben einen Davidstern, ebenso unjeübt!"

„Das habe ich nicht einmal gesehen, heute früh war nichts an der Schultür." – „Na sehen se, so schnell jeht det! An die Turnhalle, da müßte ena mal wat ranschreiben, dann wäre die olle Halle schnell renoviert. In jroßen, fetten Buchstaben, meene ick..."

Das Pausenklingeln gibt mir Erlösung. Ich murmele etwas von keine Zeit, eine hier allzuübliche Entschuldigung, allgegenwärtig und schwer nachzuprüfen. Müsse noch schnell zu Frau Krause, unserer Schulsekretärin. (Mit ihr konnte man ständig Verabredungen haben, ohne daß es einem anderen auffallen könnte, denn solche Verabredungen sind tagesüblich). Ich mache mich mit faulen Ausreden aus Neumann's Gesellschaft davon. Ich will nicht 'ran an den ausgelegten Speck.

– Haste det jehört?
– Wat denn? – Die Jungs vom Warschauer Pakt zerstören tausende von Raketen!
– Prima! Die brauchen se wohl nicht mehr.
– Und die Nato hat eine neue Rakete erfolgreich testen lassen!
– Isse abjestürzt?
– Nein, hat jeklappt.
– Bäh. Und die Amis bauen neue, "unsichtbare" Bomber, B-2 heißen die. Milliardenschwer.
– B-2? Ich kenne nur B-12 und Vitamin B!

Frau Losseck, sagt mir Regina im Vertrauen, habe Liebeskummer. Ihr Freund habe eine andere. Ihre beste Freundin. Soll vorkommen, stelle ich trocken fest, äußere mich nicht weiter zu dem mit Tina Erlebten, und ich gehe meine Biografie durch. Als vor Ewigkeiten meine damals aktuelle Freundin mit meinem Freund abgehauen ist, denke ich und überlege, was ich Regina davon erzählen kann oder soll. Wie weit wir Dienst und Privates verknüpfen können und sollen. Soll ich ihr erzählen, wie das zieht, so ein Erleben? Wie es durch das Leben zieht wie ein rotglühendes Stück Draht beim Belastungsversuch zum Ohmschen Gesetz, achte Klasse. Und wie ich meine »Karten« neu sortieren mußte, als mich eine andere Freundin vor der Prüfung zum Lehrer verlassen hat... Schon ist Regina an der Tür. Spricht mit einer Schülerin ihrer Klasse. Ich sitze noch wie dumm da, als wolle ich meine Worte »soll vorkommen« zurückfordern. Sie muß mich jetzt für einen abgebrühten Stoffel halten, weil ich mich nicht ausführlicher erklären konnte. Mißverständnis. Ausräumbar? Kann doch auch nichts dafür, daß die Gespräche hier manchmal mitten im Wort abbrechen, regelrecht gesprengt durch die Außenwelt. Umwelt. Arbeitswelt.

Mit dem Schulleiter habe ich die Sache durchgesprochen. Die Sache: das ist die Renovierung der Turnhalle von außen, ein bißchen Putz, ein bißchen Farbe würden reichen, und die Erneuerung der Regenrinne – war meine Meinung. Der Schulleiter ist ganz auf meiner Seite, soviel Schützenhilfe habe ich gar nicht erwartet. „Ich werde einen Brief ans Bauamt schreiben, unsere Argumente zusammenfassen und die dringende Renovierung der Turnhalle beantragen. Ein Schandfleck das Ganze! Gut, daß Sie mir das nochmal sagen!"

Einige Tage später treffe ich auf dem Autoparkplatz einen bunten Schmetterling, den buntesten Paradiesvogel der Doppelschule. Und ich bin sicher, daß jede Schule der Welt ihr Paradiesvögelchen hat. Geschlecht unwichtig. Nur mit dem hier kann ich nicht reden, zwei Welten oder noch mehr Welten, die aufeinanderstoßen, Mann und Frau, Hauptschule und Realschule, Schickse und Klamottenspießer...
Morgens treffe ich also die Realschullehrerin, die erst durch den modischen Kurzrock und Stöckelschuhe den Gang und das Aussehen bekommt, das ihr (keine?) Probleme macht. Ohne ihr Outfit wäre sie nicht erwähnenswert. Nur in dieser Rolle wird sie wichtig.
Wir grüßen dezent, aber länger Reden unmöglich, Zeittakt, keine Anknüpfungs- oder Berührungspunkte, mehrere Welten. Sie hat die hübsche Nase so hoch, die hübsche Bluse so eng. Es wogt und schwingt. Ich ziehe ein wenig den Bauch ein, nicht um ihr zu imponieren, und betrachte mich von außen. So ein Modepüppchen, männlich, könnte ich nicht werden. Ich weiß nach wie vor nicht, woran das liegt, das Nichtsprechen. Hat nicht jede und jeder bei uns das Recht, seine Macke zu zeigen. Ein Recht, diese Macke auch auszuleben, haben wohl nur die wenigsten. Würde gern mal

mit ihr Ölwechsel machen. Ihr oder mein Auto, egal. Ich unter dem Auto. Voll Schmiere. Sie mit weißen Klamotten. Ich lasse mir einen siebzehner Schlüssel reichen – und schon ist das Blütenweiß dahin. Ich selbst scheue Weiß.

So geht das, tack, tack, tack, bis zum Abzweig, der Tordurchfahrt, wo sich die Wege trennen. Ich möchte sie gern mal im Unterricht oder im Konfliktfall sehen. Nein, Konfliktfall nicht, ich weiß schon, wie ich mir ihre Konfliktlösung vorzustellen habe: abrupte Härte. Wie mag der Mann oder Partner zu dieser Person aussehen. Wie stylt man eine Wohnung so durch, daß alles zusammenpaßt. Einige Schritte zurückgeblieben, errieche ich ihr Parfüm. Wohl »Matura Frech«. Ich beschließe, wieder, trotz nicht ausgeführter Rasur, Rasierwasser zu verwenden.

Meine erste Aufsicht dieses Tages führt mich wieder ins Hoftor. Teile mir die Aufsicht mit Frau Sportel, Realschule/Bio. Sie ist heute früher da, muß zur Aufsicht geflogen sein. „Na, Sie haben mir ja einen schönen Gruß bestellt!" – „Gruß? Bestellt? Ach ja, die Arbeitsbögen."-

„Meine Mädchen waren ganz von Ihnen begeistert, wie Sie ruhig in die Maschine gegriffen haben, fast heldenmütig" (die Sportel übertreibt gern) „und den Fehler sofort beheben konnten. Ich hätte das nie gekonnt, Frauen und Technik." Sie kokettiert mit einer angeblich mangelnden Eigenschaft, die ich absolut nicht für weiblich halten kann. Frauen wollen manchmal mit Technik nicht, wie ich nicht mit Wäsche will. Ich gieße ein wenig Öl ins Feuer hinterher. „Kollegin", formuliere ich süßlich: „können Sie denn nicht Arbeitsbögen abziehen lassen, die nicht klemmen?" Sie lacht, genau so hätten die Schüler es ihr bestellt.

Ja, die Pubertät, sie kommt ins Schwärmen von ihren Biokursen. Den Streit um den Fotokopierer hat sie begraben. „Haben Sie denn die Sexualkunde schon bei den Eltern angemeldet? Von wegen, die Kinder sind das »Eigentum« der Eltern." Schüler beider Schulen drängen hinzu, müssen jeden von uns etwas fragen.

Währenddessen stirbt auf dem Hof Glas. Unvorhergesehen, verbotenerweise mitgebracht, manchmal nur ein Unfall. Zielübung gegen den Metallabfallkorb. Heute nur eine Flasche Cola und eine Flasche Kakao. Ungezählte Weichverpackungen von Milchmixgetränken, leergetrunken, in denen der Trinkhalm noch steckt, werden mit einem kräftigen Fußtritt auf dem Hofboden zerstört. Ein ohrenbetäubender Knall quittiert die Anstregung. Ein Schock auch für walkmanerprobte Ohren. Zusammenzuckende Körper. Wer oder was hier überleben will, darf in keinem Fall spröde sein. Was oder wer sich nicht biegt, das oder der bricht.

Als der Ansturm verebbt ist, lachen wir uns an, wissen, daß gleich die Pause zuendegeklingelt wird und ein Wiedersehen für die nächste Woche von beiden Schulleitern programmiert worden ist. Aber: „Nächsten Mittwoch haben wir Studientag. Bis in vierzehn Tagen. Tschüß!"

In meinem Fach, dem toten Briefkasten aller Lehrer, gleich welchen Schultyps und welcher Gehaltsgruppe, liegt eine Mitteilung der Sekretärin an mich. Mit den Jahren habe ich mich an ihre unausgeschriebene Kinderschrift gewöhnt. Auch die unleserlichen Buchstaben der mindestens nach zwei Richtungen strebenden Frauenschrift mit runden Buchstaben, Wellenlinien aus Worten, auf jede Art von Papier geworfen, bergen kein Geheimnis mehr, denn ihre Briefchen haben einen gemeinsamen Inhalt: eine Aufforderung, etwas zu tun, seltener die Aufforderung, etwas zu lassen.

Diesmal war es eine Einladung zu einer »Baubesprechung«: „Herr Kurz! Baubesprechung mit Herrn Schnell (Bauamt) und dem Chef. Dienstag, 10.00 Uhr, Amtszimmer." (Unleserliches Kürzel, aber es mußte, mit Blau geschrieben, einfach Krause heißen).

Baubesprechung. In welcher Kommission finde ich mich über die Zettelei diesmal wieder? Schnell abklären, einzige kompetente Stelle: der Chef. Also galt es, ihn irgendwo anzusprechen und den zu erwartenden Unterrichtsausfall zu organisieren. Meine zeitliche Ausfallerwartung hing vom Thema ab. Vorsichtigerweise erwog ich nur den Ausfall einer Stunde. Ach, sollte er sich darum kümmern!

Dreißig Minuten vor acht betrete ich am nächsten Morgen das Lehrerzimmer. Ich muß aus dem Bett gefallen sein. Sonst bin ich nie so früh in der Schule zu finden, wenn ich keinen Anlaß dafür habe. Meine Frau hat um sechs eine Bewerbungsreise per Bahn nach Westdeutschland angetreten. Ich war das Taxi zum Bahnhof. Damit ist alles erklärt.

Zwei Kolleginnen, die am anderen Ende des Raumes sitzen, stellen staunend meine Anwesenheit fest, drücken ihre glimmenden Kippen aus, lüften mit den großen Flügeln des Fensters. Rauchverbot im Lehrerzimmer. Von mir beantragt, von vielen, nicht allen, positiv aufgenommen. Abstimmung darüber entfiel aus Gründen der Schutzwürdigkeit meines Interesses. Kommende Generationen von Lehrern werden darüber staunen können, daß man so was in der Schule eine Zeitlang geduldet hat. Nikotinsümpfe und Nikotinabhängige. Soll ich jetzt das Rauchverbot durchsetzen gegen die, die alle Lücken und Nischen gegen mich nutzen wollen? Ich zwinge mich, ruhig zu bleiben und eine größere Verfehlung der Gegenseite als das heutige »Heimlichrauchen« zu benutzen, die Diskussion neu zu beleben. Im Grunde stünde es mir gut, lauthals über ihr kindisches Versteckspiel zu lachen, aber ich kann es nicht.

Der Raum des Lehrerzimmers ist dreiachsig, das habe ich bei der Neuplanung des Lehrerzimmers gelernt. Dreiachsig heißt: Drei Fenster vorhanden. Die Fenster sind drei große, etwa zweieinhalb Quadratmeter große Verbundglasscheiben im Plastikrahmen, weiß, verwitterungssicher. Zwei Angeln halten das große Fenster, wenn es geöffnet wird. Ich kann es kaum mitansehen, wenn es Kollegen mit Schwung aufwerfen und es manchmal federnd, von der Wand zurückgeworfen, zurückschwingt. Glück und Glas. Aber: noch nie ist etwas passiert. Glückssache, wie ich finde. Irgendwo sind in der Schule einige Klassenraumfenster »blind« geworden. Das Erneuern der Fenster muß betrieben werden.

Die Wände ringsum sind von Einbaumöbeln verdeckt, mit Ausnahme der Fensterseite. In diesem langgezogenen Raum dominieren die Schränke der Kollegen. Es sind schmale Schränkchen in hellem Braun mit Holzstruktur, in denen nicht einmal ein Bügel seine volle Breite ausleben kann. „Dieser kleine Stall", sagte vor Monaten ein Kollege, als das Ganze noch neu war, „wäre nicht zum Halten von Schäferhunden gut, denn die benötigen laut Rechtsprechung..., und erst kleine Kinder, im sozialen Wohnungsbau ist das Kinderzimmer das kleinste Zimmer. Und erst der Autostellplatz.." Vom Hundertsten sprangen wir zum Tausendsten.

Im Raum verteilt, aus je zwei Einzeltischen zusammengestellt, eine Vielzahl von Sitzgruppen, mit unterschiedlichster Bestuhlung, je sechs oder nur vier, auch acht. Stühle kann man in Sekunden nach Belieben umstellen.

Als ich hier, in diesem Haus, mein Lehrerdasein zur Ausbildung begann, anfangs meine Tasche (ja, damals noch eine Tasche) auf einen Stuhl stellte und fragte, ob dieser Stuhl besetzt sei, bekam ich die Antwort, die ich seither weitergebe: Hier gibt es keine festen Plätze. Wer da ist, muß sitzen. Wer nicht da ist, hat nichts zu beanspruchen. Platzrituale können wir uns auf diesem engen Raum nicht gestatten. Tröstlich für die, die neu hinzukommen. Sie sind sofort platzmäßig integriert. Stress für die, die immer zu spät kommen, aber auch für die Kollegen, die dienstlich verhindert zu spät zu einer Konferenz erscheinen. Dann sind nämlich alle Plätze belegt und überbelegt. Abstellort dann: Katzentisch.

Meine Stammgruppe ist eine Tischgruppe in der rechten Ecke des Lehrerzimmers, Ortsangaben auf engstem Raum sind nie politisch zu verstehen. Und so sitzen unsere eher Rechten auch mehr links im Lehrerzimmer. Aber das ist, wie fast alles im Leben, eine Frage des Standortes. Der Fensterputzer, der von außen mit der Leiter arbeitet, sieht den Raum auch völlig anders, mit neuer Topografie.

»Mein« Tisch natürlich wieder völlig überlastet. Ich kann meinen Aktenkoffer (keine Tasche) auch nicht zum Öffnen auf den Tisch legen. Ich stehe, während ich den Koffer auf einem Stuhl öffne, Kopiervorlagen entnehme, den Koffer schließe und auf den Boden stelle, die Vorlagen auf den Stuhl lege und auf dem Tisch Ordnung schaffe. Heilige Ordnung! Ordnen heißt hier: zu Gruppen zusammenfassen, was zusammengehörig erscheint, aber nicht unbedingt zusammenpassen muß. Die naturwissenschaftlichen Utensilien nicht zu den sprachlichen legen, diese von den mathematischen trennen. Der oder die Eigentümer werden sich ihren Besitz zusammenholen müssen.

Als unangenehm erinnere ich mich an den Tag, als ich eine Plastikschüssel mit Deckel näher beschaute, um sie richtig eingruppieren zu können. Aus der an sich leeren Margarinedose schauten mich Kuhaugen, groß und blutig, an. Unvorbereitet. Kuhaugen! Jetzt weiß ich einigermaßen Bescheid, in welcher Jahreszeit das

Auge dran ist. Wenn mir Schüler schaurige Geschichten aus dem Biologieunterricht erzählen, die alles andere als beschönigt sind. „Jetzt wissen wir, wie ein Auge funktioniert!" Ich äußere mich nicht mehr dazu. Kuhaugen sezieren. Ich wüßte für die Skalpelle etwas Besseres! Daß die Biologen immer noch so arbeiten müssen, anstatt einen (von mir aus auch selbstgedrehten) Videofilm einzusetzen. Aber in der Uni schlachten sie immer noch Frösche, um der lieben Wissenschaft zu dienen.

Den genannten Behälter räume ich in der fraglichen Jahreszeit nicht mehr auf.

V

Die Tür des Lehrerzimmers bleibt bis etwa zehn vor acht offen, wenn es nicht zieht. Zug ist bedeutungsvoll in diesem Betrieb. Spürt jemand, der sensibel ist, nur den geringsten Zug, fragt er sofort laut, wer ihn morgen vertreten möchte. Also in der Übergangszeit lieber Fenster zu. Zugzwang! Und wir haben oft Übergangszeit. Meine Kollegen frieren leicht. Besonders die weiblichen.

Dann läutet es das erste Mal – an diesem Morgen. Musik für den einen, Stressfaktor für andere. Die Schüler erhalten mit dem Läuten das Recht, das Schulgebäude zu betreten, den Test zu beginnen. Die Kaffeemaschine hat ihr Morgenwerk bereits beendet. Sie dampft noch zischend nach. Sie hat bei dreißig Kaffeetrinkern ein schaurig zischendes Leben. Ihre Nachfolgerin wird aus der Kaffeekasse finanziert werden. Natürlich immer das neueste Modell, von wegen der Ästhetik und der Haltbarkeit. Der Kaffeeduft lockt die ersten Kaffeetrinker heran. Groschen fallen in eine Pappschachtel. Und der, der die Filtertüte beseitigt, schließt auch die Lehrerzimmertür, weil der Abfallkorb neben der Tür steht. Recht praktisch so. Die Sekretärin hat durchgesetzt, daß der dampfende Kaffeefilterrest zunächst in einen ausgedienten Briefumschlag gesteckt wird, bevor er im Abfallkorb verschwindet. Das erleichtert der Reinigungsfrau, die auf diesem Stockwerk ihren Dienst tut, die Arbeit, ist hygienischer und sinnreich. Die Reinigungsfrau muß sich übrigens mit der Sekretärin den Ruhm desselben Adelsnamen teilen: Krause, was zu Verwechslungen manchmal Anlaß gibt. Tassenklappern um die Maschine herum.

Es strömt. Die Kolleginnen, mehrheitlich hier vertreten, gefolgt von den Kollegen, geben sich hier ein regelrechtes Stelldichein. Einige gehen zuerst in die Raucherkabüse ein Stockwerk höher. Sind hier also nicht zu sehen. Andere behelligen zuerst den Chef oder die Sekretärin. Zentraler Anlaufpunkt ist der Vertretungsplan. Nacheinander stöhnen die, die es betrifft, daß Malinowski immer noch fehlt und vertreten werden muß. „Soll doch aufhören und die große Flatter machen!" sagt einer ungehalten. Manchmal berühren sich zwei Kollegenhände beim Lesen mit den Fingern. Fahrplanmentalität. Viel zu viel scheint sich auf den Punkt acht Uhr zu konzentrieren. Eine freundliche Kollegin nimmt meine Kopiervorlagen mit zum Kopierschüler. Das ist der dienstbare Geist, der für die Lehrer kleine Vervielfältigungsaufträge am Fotokopierer oder an der Abzugsmaschine übernimmt, die Aufträge vor dem Bauch ins Lehrerzimmer trägt, geduldeter Weise, wenn die Tür offen sein sollte, nach den Kollegen ausspäht, sie halblaut ruft, dankbar von seiner Last befreit wird und als goldige Seele ein Lob zu den Zensurenterminen sicher einplanen kann. Kleine Geschenke erhalten die Freundschaft. In viele Richtungen.

Meierchen kommt heute an meinen Tisch, um einen Kollegen, der »Erdkäse« unterrichtet zu fragen, ob er noch die Lichtbilder über Thailand habe. „Aber anmelden!" sage ich scherzernsthaft. Meierchen weiß nicht, worum es mir geht. „Na also", hole ich aus, „die Biolehrer müssen die Sexualkunde doch auch bei den Eltern anmelden. Und daß bei »Thailand« nicht die Begriffe »Prostituition, Menschenhandel, Sextourismus« fallen – und erklärt werden müssen, kann ich mir nicht vorstellen. Meierchen lacht jetzt, mit gefallenem Kleingeld, mit den Tischnachbarn mit. Kleine Scherze erhalten die geistige Flexibilität.

Regina, die Klassenlehrerin meiner Deutschklasse, erscheint, erstaunt und erfreut, mich ungewohnt früh anzutreffen. Wir gehen die Ereignisse des letzten Schultages durch. Einige unserer Früchtchen haben es wieder faustdick getrieben. Einen Riegel vorschieben, aber woher nehmen, aus welchem Holz? Welche Maßnahmen?

Unser Gespräch wird von einem heftigen Klopfen von der Tür her unterbrochen. Das Klopfen wird ein ungezügeltes Bummern. So klopft kein Schüler! Wenn aber doch? Mit einem vorbeugend, ohne den Klopfer zu sehen, drohend ausgestoßenem „Wer wagt es...“ bin ich an der Tür. Eine Kollegin, die ihren Schlüssel nicht so schnell findet, überschüttet mich erst (sonst wird der Bote schlechter Nachrichten erschlagen) mit ihrem gesammelten Groll, von wegen meiner Langsamkeit, „Hört denn niemand?“, aber sie bittet mich dann um den Aufschluß der nahen Herrentoilette, weil ihr die Blase überlaufe. Andere Berufe, andere Sitten.

Beim Kaffee setze ich die pädagogischen Strategiegespräche mit Regina fort. Sascha muß ein Hausaufgabenheft führen, weil es ihm an der Einsicht mangelt, dieselben anzufertigen. Fatma und Semra müssen auseinandergesetzt werden, ebenso Sandra und Tamer. Ein Elternbesuch steht bei Tatjana an. Sie schwänzt. Treibt sich herum. Findet den Weg in die Schule nicht mehr. Kerstin beginnt, sich aufwendig zu schminken.

Ein wenig Privates hinterher: Meine Frau sei auf Stellensuche in Westdeutschland! „Wenn es klappt, kommen harte Zeiten auf dich zu“, meint Regina ohne Schadenfreude und Scherz. Das Zeichen zum Stundenbeginn läßt unser und die übrigen Gespräche abrupt abbrechen. Obendrein kommt, wie jeden Schultag kurz vor oder gegen acht der Schulleiter herein. Der alte wie der junge neue, das Sprüchlein aufsagend: "Ich bitte dann anzufangen!" Wenige geflügelte Worte schneiden sich so tief in ein Menschengedächtnis, wie Selbstverständliches, das oft und zum gleichen Anlaß wiederholt wird.

Gern würde ich einige Kolleginnen und Kollegen in entspannter, privater Umgebung treffen, mich verständigen, Anteil an ihrem Leben nehmen, sie an meinem teilhaben lassen. Hier, in der Schule, unterliegen wir zu häufig dem Stress des Alltagsgeschäfts zwischen zwei Klingelzeichen.

Dringend muß ich noch eine Partnerin für die Tanzstunde finden. Meine Frau kann morgen ja nicht. »Lambada« ist dran. Kenne ich nicht. Wird was Neumodisches sein. Ich muß mir das Wort über die Eselsbrücke »Lambda-Sonde« eines Katalysator-Autos merken. Frau Losseck kann nicht. Vorführstunde und nicht Verführstunde. Die Meiern frage ich nicht. Ich habe auch Stolz und keinen Bedarf auf Korbwaren irgendwelcher Art. Mit dem Paradiesvögelchen wäre es vielleicht nicht unelegant, aber unrealistisch. Regina? Ja! - Es klappt.

VI

Baubesprechung. Hochtrabender Name für ein Nichts wie – ach ja – die Turnhallenrenovierung. „Aber erwarten sie nicht zuviel!" hatte mein Chef gesagt, Herr Schnell vom Bauamt habe bereits angedeutet, daß der Bezirk zur Zeit kein Geld habe. „Wir müssen die langfristige Investitionsplanung für 1998/99 abwarten. Nein, etwas Näheres weiß ich auch nicht!" Der Chef hatte gut reden und gute Informationen mit seinen ständigen kurzen Dienstgesprächen mit Bauamt, Schulamt, Amtamt und mit wem weiß ich nicht alles. Also Turnhallenrenovierung. Stichwort: Farbe, Verputz, verschieden Spielfeldmöglichkeiten auf der Wandfläche, Anstrich so, daß Filzstifte auf Benzinbasis daran abrutschen (japanisches Patent), die anderen wäscht kurz über lang der Regen ab, und Ballschmutz soll sich nicht niederschlagen können.

Baubesprechung. Anwesende: Der Chef, Herr Schnell (Bauamt), Herr Barinski (Schulamt), Herr Kurz (Sicherheitsbeauftragter), Frau Meier (Vertrauenslehrerin der Schüler), Herr Neumann (Hausmeister). Händeschütteln geht hin und her, aber bitte: nicht über Kreuz!

Lächeln – kost' ja nichts. Kaffee? Nein, sehr in Eile! Wird schnell gehen. Ort: Der Schulhof in gebührendem Abstand von der Turnhalle. Das Amtszimmer des Chefs war in Übereinkunft aller als zu eng und der Sachlage – in Anbetracht der Häßlichkeit des corpus delikti – nicht angemessen, allgemein abgelehnt worden. Der Augenschein ruhte auf der Häßlichkeit des Anstrichs und der Beschmierungen der Turnhalle sowie den fortschreitenden Schäden durch undichte Stellen in der Regenrinne. Wir haben Glück, daß es nicht regnet. Die Sache wird nach meinem Ermessen ungewöhnlich hemdsärmelig angegangen. Nachdem jeder weiß, wen er vor sich hat – einige kennen sich schon Jahrzehnte – jedenfalls muß das der Sinn der Vorstellung mit dem Aufsagen des Namens sein (aber bei der Meiern bin ich mir nicht sicher, ob sie überhaupt einen unbekannten Namen behalten hat), beginnt der Mensch vom Hochbauamt das kurze Gespräch.

Nein, Geld sei zur Zeit nicht vorhanden. Wir müßten auf die langfristige Investitionsplanung 98/99 warten. Der Bezirk habe einfach kein Geld dafür. Es ginge nicht. Einsehen, daß die olle Turnhalle ja wirklich kein Schmuckstück sei, aber Nichtschmuckstück hin oder her. Das helfe hier nicht. Vordringlichere Aufgaben würden keinen Aufschub dulden. Asbestsanierung. Sie verstehen die politische Bedeutung. Gesundheitsgefährdung. Die Mappe in seiner Hand, obwohl prall, angefüllt mit Papier, hat er nicht einmal aufgeschlagen. Auch nicht darin geblättert. Also eine unsichtbare Krücke, um dem Gespräch besser gewachsen zu sein. Zumal er nicht mit Geschenken kommt. Nur keine Schwächen zeigen. Auf jede Frage gerüstet scheinen.

Der Hausmeister hat sich während des Gesprächs häufig weggedreht, seine Schultern spielen wie die von Humphrey Bogart in übergroßen Jacken. Der Schulleiter muß sich bekannte Sprüche wiederholt anhören und äußert sich hier nicht außerhalb nichtssagender Allgemeinplätze. Mir fällt auf, daß er jetzt sein Schlüsselbund ins Spiel bringt, das die ganze Zeit ruhig in seiner Hand lag. Er beginnt damit, wie ein Schloßgespenst metallisch zu tönen, bloß einem Schloßgespenst steht das, gehört zur Dienstbekleidung und zum Habitus. Daß der Bezirk kein Geld habe, sei ja bekannt, hier aber sei eine Scheußlichkeit zu besichtigen, die dadurch nicht besser würde, daß man sie alltäglich weiter bewundern könne. Er hatte die Sachlage mit der fast zehnjährigen Wartezeit schon zu den Akten genommen. Herr Barinski vom Schulamt schweigt. Schnell ist hier der Macher.

Der Hausmeister rollt mit den Augen, als verliere er bei soviel Höhenflug die Balance, streift mich knapp mit wieder intaktem Blick, schielt sekundenweise in meine Richtung, wiegt bedenklich den Kopf hin und her und schaut wieder den Schülern nach, die sich beim Hofreinigen mit Papierzangen alle erdenkliche Zeit der Welt lassen. Die anderen Anwesenden schweigen, schweigen beharrlich, daß sie am Ende einer richtigen Vorstellung lediglich ihr Geld als Statisten zu beanspruchen hätten.

Ich will mehr! Gibt es denn gar keine Möglichkeit, stichele ich den Baumann an, muß die Turnhalle erst abbrennen, um erneuert zu werden? Ich habe von einer Malergruppe beim Bezirksamt gehört, sage ich langsam und beobachte den Hausmeister wie der den Baumenschen beobachtet, die für besondere Aktionen zur Verfügung steht, könnte die nicht...? Unterschiedliche Kompetenzen, geht eben nicht.

Sich verabschieden, Hände reichen, aber nicht über Kreuz. Sich höflich verabschieden, sich aber nicht bedanken, weil es nichts zu bedanken gibt. Nochmals Lächeln.

Die Meier taut auf, als sich der Baumann bereits entfernt und auf dem Hof einen Sargnagel angebrannt hat, und wir unter uns sind, daß sie gern diese Wände mit Schülern gestalten würde, aber wer würde die Farbe bezahlen, wer die Versicherung der Jugendlichen auf dem Malgerüst übernehmen und wer den großen Entwurf für eine solche Gestaltung machen? Sie sieht vor Problemen nicht die einfachsten Handlungswege, und keiner der Anwesenden ist bereit, auf ihre Versuche des Luftmachens einzusteigen.

„Ich habe noch etwas für Sie", sagt der Hausmeister in einwandfreiem Hochdeutsch, ohne Berliner Mundart, vom Augenrollen und anderem Grimassieren befreit, „in meinem Büro, wenn Sie Zeit hätten... "

Nein, muß ich sagen. Noch eine Doppelstunde, Blick auf meine Armbanduhr. Bis später dann.

Nach den beiden Stunden habe ich die »Baubesprechungströstungslangeweile« schon vergessen, nicht aber der Hausmeister.

Am ersten Schultor kommt er mir entgegen, und ohne große Worte sagt er einfach: „Jetzt haben Sie doch Zeit, nicht wahr?", und zieht mich in sein Büro. Ich nehme auf einem bequemen Drehstuhl Platz, der früher von der Krausen gedrückt worden ist. Es ist der alte Sekretärinnenstuhl.

„Wir beide sind doch keine Männer von langen Worten", beginnt er das Gespräch. Ich weiß nicht mehr, worauf er hinaus will und schweige. Scheißstunde gewesen. Alles Vorbereitete mußte in der Tasche bleiben. Kaum hatte ich die Klassenzimmertür geöffnet, da sah ich die Bescherung. Zwei Jungen prügelten sich bis auf's Blut, der Papierkorb war im Eingangsbereich ausgeschüttet und rollte noch herum. Essensreste lagen verstreut neben Dosen und Flaschen und Pappverpackungen. Eine der Flaschen war noch halbvoll in den Papierkorb geworfen worden. Durch die Kraft des umherfliegenden Papierkorbs war sie zerbrochen. Der klebrige Inhalt war über eine große Fläche am Lehrertisch ausgegossen. Die Mädchen schienen schon mehrere dieser Szenen erlebt zu haben. Weder die handfeste Keilerei der beiden Türken, noch das müllkippenähnliche Dekorieren des Fußbodens, noch mein Eintreten ließen sie von ihrer Konsumzeitschrift »Hurra« hochblicken. Einer der beiden Streithähne, Mustafa, blutete schon an der Lippe. Sein Gegner aber hatte nicht genug soziale Einsicht in menschliche Prinzipien, um von sich aus aufzuhören. Als Gast in dieser Klasse konnte ich die Kampfkraft der beiden nicht einschätzen. Wer war der Schwächere, wer der Stärkere, welchen sollte ich im Genick packen und wen vor wem schützen, wen von wem trennen?

Im Schnellschritt, den die Schüler von mir nicht kennen, denn ihn habe ich für besondere Situationen reserviert, sprang ich auf die noch immer Kämpfenden zu. Sie hatten mein Erscheinen einfach nicht zur Kenntnis genommen. Unhöflich, so was. Einer aus der Klasse ruft: „Öretmen".

„Öretmen ist schon da und wird Euch was erzählen", schreie ich, um mein Erscheinen anzukündigen und habe gleich beide am Schlafittchen. Langsam wachen auch die türkischen Mädchen aus der »Hurra-Hypnose« auf. Sie wechseln schnell die Plätze und bleiben stehen, warten ohne äußerlich sichtbare Bewegung. „Und du kannst nicht aufhören, wenn dein Mitschüler bereits blutet", schüttle ich den einen. Ich trenne die beiden und lasse mir von einem Unbeteiligten die Streitgeschichte erzählen. Unterricht war so nicht möglich. „Meine Mutter ist eine Hure, hat er gesagt", mischte sich einer der Streitenden ein und vergaß dabei die Form der indirekten Rede, um das Gewesene darzustellen. „Habe ich gar nicht!" schrie der andere. Ich mahnte zur Ruhe und Besonnenheit. „Ich ficke deine Schwester", rief der Gegner. Und hin und her gehen neue Beschimpfungen, auch über Kreuz, und auf türkisch, wer wen sexuell benutzen wird und wie.

„...keine Männer von langen Worten. Hier, woll'n se 'nen Bier?" – „Sie meinen, ich solle testen, ob ihr Bier schmeckt und ausreichend gekühlt ist?" Langsam wird mir eindeutig bewußt, daß es eine große Ehre ist, mit einem Hausmeister Luft in Bierflaschen zu lassen. Ich überlege, ob ich ihm Urlaubsgeschichten erzählen soll, vom Biertrinken in Brasilien, wo mit großen Buchstaben damit geworben wurde, daß es an diesem Strand das kälteste Bier gäbe - das beim Öffnen gefror und so fast untrinkbar war. Aber ich sinne noch immer dem vergangenen Schultag nach.

„Ich ficke deine Tante!" hatte Önder zuletzt geschrien. Eine Stunde Gespräch hatte fast nichts gebracht, meine stolzen Türken in ihrer Wesensart nicht ankratzen können.

„Her mit dem Stoff", sage ich jetzt, „aber eines scheint mir schon jetzt klar zu sein!"- „Was?" fragt Neumann, jetzt wirklich neugierig. „Die erste Flasche wird mir nicht schmecken!" Wobei ich die Betonung auf »schmecken« und »erste« verteile und ein wichtiges Gesicht mache. Wir lachen. "Sie sollten gelegentlich auf Pfandflaschen umsteigen", füge ich lehrerhaft hinzu, während ich den Kopf der Flasche mit dem Handballen abreibe.

Neumann spricht viele Kleinigkeiten aus dem Schulleben an und spielt dabei mit seinen großen Händen mit einem kurzen Bleistift, wie er Lehrer so sieht, jeden Tag, und weil er nicht einfach im Unterricht erscheinen könne, um nach dem Rechten zu sehen, müsse er sich sein Puzzle von dem Kollegen, der Kollegin, anders machen. Die Hofpause, versuchte er mich vorsichtig in seine Sicht meiner Kollegenpersönlichkeiten einzuführen, zeigt ganz offensichtlich, wie eine Lehrerpersönlichkeit geschnitzt sei. Er sagte »geschnitzt«, nicht gebildet, geformt, ausgebildet, ausgeformt, gewachsen, sich darstellt, erscheint, sondern: »geschnitzt« ist.

Mir wird klar, daß Neumann mehr Menschenkenntnis hat, als ich unter seinem Kittel oder Blaumann vermuten konnte.

„Und nun zur Sache. Die Turnhalle. Genauer die Fassade der Turnhalle. Ich wüßte, wie wir sie renovieren könnten."

Vor meinem geistigen Auge sehe ich eine monumentale Erweiterung der Toilettenaktion. Vier Lehrer, einer A 14... Quatsch, zwei Lehrer, dann viele Schüler, die auf selbstgebauten oder selbstgebastelten, vielleicht auch geborgten Gerüsten stehen, mehr ihre von der Schule gestellten Kittel bemalend als die Turnhallenwand einfärbend. Oder sechs, zu allem entschlossene Eltern einschließlich der bei den Lehrern unbeliebten, weil unbequemen Elternsprecherin. Ich sehe sich eine starke Bohle unter ihrem Gewicht mächtig durchbiegen.

Ich sehe mich meine Nachmittagsstunden Woche um Woche bei dem neuen Projekt: »die schöne Turnhalle« einsetzen.

„Ja", spreche ich meine Unsicherheit aus, die negativen Gedanken beiseite schiebend, „und wie stellen Sie sich das vor?" – „Man müßte einen Spruch an die Wand bringen, der so geraten ist, daß er schleunigst weg muß, und wenn er groß genug geschrieben ist, wird auch die Übermalung groß genug ausfallen müssen, um hinterher die Renovierung der gesamten Außenfassade zu begründen." Aber es fällt mir kein so gearteter Spruch ein. Unsere Mutter »Schul«-Theiss, denke ich. Hat doch auch was mit »Schule« zu tun.

Ich lasse Luft in die kleine Glasflasche. Klug ausgedacht. Die braune Glasfarbe schützt den Inhalt vor den Sonnenstrahlen, die womöglich den Geschmack des Getränks verändern könnten. Die Menge war mit einem Drittelliter auch verträglich, eher zu wenig. – „Ja, meinen Sie denn, daß so eine Eingreiftruppe schnell Sprüche entfernt?" So genau wußte das der Hausmeister auch nicht, auch nicht von seinem schlauen Kollegen, dem Hausmeister des Gymnasiums zum Beispiel. Aber dem Hörensagen nach gab es sowas. Und es leuchtete uns beiden ein, daß ein treffender, brisanter Spruch eben schneller und nachhaltiger entfernt werden mußte als ein Liebesherzchen mit Namen und Pfeil oder ein Rocksängername.

Zur Lösung unseres Problems mußte etwas her, das jeder versteht und richtig deutet, also etwas Politisches oder etwas Sexuelles. Es durfte nicht zu intelligent sein, also Anspruchsniveau Null und ein Zehntel darüber, aber auch wiederum nicht zu platt und hilfsschulmäßig. Hauptschulniveau also. Nicht von einer Minderheit, also nicht türkisch, jugoslawisch oder griechisch. Nicht aus dem Denkkreis der Erwachsenen. Probleme über Probleme. Wir trösten unsere müdegequatschten Halsknorpel mit einer zweiten Flasche, die mir jetzt schon besser schmeckt, wie ich Neumann lachend versichere. Vor dem Öffnen einer dritten Flasche Bier beschließen wir, uns zu vertagen. Ich verspreche, darüber nachzudenken. So ein Spruch, offen in alle Richtungen, dabei aber treffsicher, der mußte doch zu finden sein!

Feiner Kerl, eigentlich, nur daß er kein Hausmeister ist, wirklich schade, das. Ein wenig zu prinzipientreu. Sollte mehr von meinem »Denkwasser« probieren. Schmeckt ihm nicht, die Erste, wohl Feineres gewohnt, der Herr. Sekt und Besseres. Ich weiß doch, was die Lehrer saufen. Und die Reinigungsfrauen müssen den Glasmüll herunterschleppen. Und Sekt gibt es auch nur in Einwegflaschen. Und wie das Glas dick ist. Ich als Hausmeister kann mir nur Bier leisten. Und Einwegflaschen, da spare ich mir den Rückweg mit klappernden Flaschen in der Plastiktüte zum Kaufmich. Ab in die Müllcontainer, die leeeren Flaschen, und fertig ist der Lack, soll mich doch keiner sehen und sagen, ich wäre nur mit Bierholen und Flaschenwegbringen beschäftig, dann lieber Einweg. Aber er ist ja gut angefüttert! Hat richtig mitgedacht! Hoffentlich beißt er an! Weiß gar nicht, weshalb der den alten Suffkopp von Hausmeister früher immer angemacht hat, von wegen Suff, denkt doch recht vernünftig und geht einigermaßen mit den Gören um.

Zu Hause, im Fernsehsessel, drücke ich der Werbung den Ton weg, benutze die Bilder zu einer Meditation, in die Schule zu fliegen, den entscheidenden Vers zu suchen. Aber so leicht geht das nicht. Als die Tagesschau beginnt, versorge ich mich wieder mit dem Sprecherton.

Da mußte Leben her, und zwar Schulleben. So was muß auch unvermittelt und spontan entstehen. An diesem Abend beschäftigte ich mich nicht mehr mit dem Turnhallenproblem.

Im Fernsehen dann, nach der Tagesschau, ein Bericht über »das Leben im Libanon«. Die Fenster sind zu glaslosen Luken verkommen, die durch den Beschuß Öffnungen wie Krater aufweisen. Kinder werden schwer verletzt im Krankenhaus gezeigt, viele der Fälle hoffnungslos. Einige der äußerlich weniger verletzten aber toten Kinder werden nach der Leichenwaschung (Kinderleiche dabei männlich und nackt) in ein weißes Tuch gehüllt in einen Sarg gelegt. Die Kinder sind nach meiner Schätzung von Körperlänge und Körperform noch nicht schulpflichtig, so wie sie den Berührungen der mit einem Lappen waschenden Frauen nachgeben, noch nicht leichenstarr. Die Beerdigung unter Anteilnahme vieler Menschen wird ebenfalls gezeigt. Sollte mal bei uns ein Ausländerteam versuchen, eine richtige Beerdigung mit der Kamera und Scheinwerfern zu stören... Am besten Kameraleute mit Turban. Die armen Berichterstatter, die bekämen was zu hören, ob Fremde oder Einheimische.

Unglaublich. Für einen Mitteleuropäer, vierzig Jahre nach Kriegsende, unfaßbar, was dort den Alltag ausmacht. An eine Turnhallen-Außenrenovierung ist dort noch nicht zu denken. Wie mag dort Schule stattfinden? Eine Spendenaktion organisieren?

Regina kommt anderntags pünktlich (Beamtin!) und außerordentlich schick gekleidet, mit einem langen, hellen Rock und einer bunten Bluse, zur Tanzstunde. Alle Achtung! Sie ist einen Kopf kleiner als ich und nicht vollschlank und kein Rubensmodell. Irgendwo dazwischen. Also ein normaler Mensch. Sie trägt eine Kurzhaarfrisur, aus braunen Haaren geschnitten, und hat flinke Augen und einen noch flinkeren Mund. Auf der Nase blühen im Sommer nette Sprossen. Und lachen kann sie, daß sich die Balken biegen, Metallträger kaum oder weniger. Eine Berliner Pflanze. Ich möchte das Wasser sehen, mit dem sie nicht geduscht ist. Ihr Freund, sagt sie, sei sehr eifersüchtig. Zwei Lehrer unter anderen Menschen vor einem Tanzlehrerpaar. Endlich macht jemand anders »das Kasperle«, und wir können in der Masse untertauchen. Dann »Lambada«.

Nach der Tanzstunde frage ich mich, ob sie die richtige Partnerin gewesen sei, denn es ging unerwartet intim zu. Ich wußte gar nicht, daß man wieder eng zusammen tanzt, den angedeuteten Geschlechtsverkehr auf einer Tanzfläche salonfähig macht.

„Hoffentlich ist deine Frau in der nächsten Woche auch wieder verhindert", sagt meine Begleiterin in der Pizzeria und zwinkert mir zu. Sie macht den Eindruck, als habe ihr das Tanzen Spaß gemacht und sie mich neu entdeckt. Ein wenig geht es mir ebenso. Ihr Freund eifersüchtig? Nichts klumpt, alles geht unkompliziert weiter. Ich rutsche auf meiner glatten Sitzfläche herum, druckse nicht, sondern lenke das Gespräch auf Themen der Schule, die Klasse, meine Stellvertretertätigkeit. „Ja, wenn die Schüler uns so sehen könnten!" sinniere ich laut. „Was die wohl zu ihren Paukern sagen würden. Und denken. Und Lambada." Einhellig ist unsere Meinung: lieber nicht. Süßes Geheimnis. Wir möchten sie ja auch nicht in verfänglichen Situationen antreffen. Speziell außerhalb der Schule.

In der folgenden Woche herrscht eine regelrechte Schlechtwetterperiode. Trübes Licht. Kühle. Regen. Schule wird dadurch noch schöner.

An einigen dieser dunklen Tage treibe ich mich verstärkt auf den Toiletten herum. Die Lehrertoilette – ein Ort, auf dem man weder Inschriften noch Anregungen für solche suchen sollte. Sie ist der Augenstern der Reinigungskräfte. Wenn es dort nicht sauber und ohne Inschriften abgeht, ist mit der Schule alles im Eimer. Die Jungentoiletten, nach und nach besuche ich sie alle, geben wenig Phantasievolles her. Wieder und wieder Rockstars, Liebesschwüre, unverhüllt sexuelle Wünsche, plump vorgetragen, Generationenmalereien, schriftliche Beleidigungen zwischen Türken und Deutschen. Ich bemerke, daß sich die Graffiti-Fritzen mehr und mehr darum bemühen, ihren Schriftzug immer perfekter an alle nur erdenklichen Flächen zu schmieren, denke ich, denn lesen kann ich diese persönlichen Schriftzüge ebenso wie chinesische Schriftzeichen nicht. Nach Dienstschluß besuche ich auch die Mädchentoiletten. Sicherheitsüberprüfung der Händetrockner, Sie verstehen? Text- und Spruchsuche. Einheitlich unergiebig. Vergebliche Mühe. Dasselbe wie bei den Jungen, mehr Zeichnungen und weniger »Chinesische Schriftzeichen«.

VII

Meine Nächte werden nicht schlaflos. Allerdings gibt es niemanden, den ich, außer Neumann, um Rat fragen könnte, aber der ist
selbst ratlos. Meine Frau würde den Kopf schütteln, die Kollegen
sich die Haare raufen. Meine Katze ist zum Glück sprachlos,
sprachloser Mitwisser vieler Geheimnisse. Zum Glück lassen sich
zwei Flaschen Bier, mit dem Hausmeister getrunken, nicht als
durchzechte Nacht und Verbrüderung darstellen.

Ich ertappe mich dabei, wie ich mehr und mehr auf die Pausengespräche der Schüler achtgebe, teilweise lausche, manchmal die
schläfrigen Äußerungen meiner morgenmüden Kollegen auf die
Sprüchewaage lege. Nichts.

Der Physiksaal und der Chemieraum werden abgesucht, qua-
dratzentimeterweise. Ohne Erfolg. In einem Buchladen wird ein
Buch bestellt und gierig betrachtet, das auf hunderten von Fotos
die Gestaltungskraft von Schülerhänden auf Schultischen zum
Thema hat. Außer dem Umstand, daß meine Bücherregale so wieder drei Zentimeter enger werden – kein Ergebnis. Jede Menge
Anregungen, Liebe zu gestehen und Schule liebenswürdig zu hassen. Letzte Chance ist das Schultor, an dem Neumann und die
Hilfshausmeister im Wettstreit mit Sprayern und Benzinstiftschrei-
bern ein sauberes, das heißt hier einfarbiges, Schultor halten wollen. Mit einer von der letzten Renovierung definierten Farbe. Wenn
dort etwas zu finden wäre, halte ich ihn für klug genug, die unver-
langt eingereichte Anregung auszuwerten. Bis dahin Pustekuchen.

Als mich Neumann wegen der Tafel anspricht, die sich so
schwer hochschieben ließ, aus der er eine Cola-Flasche mehr aus-
gebaut als entfernt habe, kommt heraus, daß auch er nichts Ver-
wertbares habe. Wir setzen uns eine Woche Frist, dann müsse

etwas gefunden sein. Bei Fehlanzeige Abblasen der gesamten Aktivitäten.

»Daniels treibt's mit Spaniels« lese ich interessiert in einem Roman über den Hauptschulalltag der Dreizehnjährigen im Wedding. Nicht schlecht, aber unsere Altvorderen heißen nicht so. Der Reim gibt für uns nichts her. Allerdings bietet Unzucht mit Tieren einen nicht zu unterschätzenden Handlungsbedarf und Ausweg für unser Problem... Unangreifbar hingegen ist das Verkehrsverhalten unseres Rektors: Sein Auto ist extrem neu und hat die besten Abgaswerte der gesamten Schule, selbst der Realschulrektor, mit einem Autofossil ausgestattet, ist neidisch und kann nicht mitreden. Benzin, bleifrei, geringer Spritverbrauch, lobende Erwähnung seines Modells bei Stiftung Warentest.

In Fernsehen abends: Lambada. Ich rufe meine Frau von ihrem Schreibtisch an den Bildschirm. Sieht in Brasilien doch etwas anders aus als in einer Berliner Tanzschule. Schon die Luxuskörper. Der Schwung der Bewegungen. Die schwingenden Röcke. Freche Tanga-Slips. Ich summe vor Begeisterung bei diesen Bildern die Melodie mit. Meine Frau fragt mich, ob wir *das* auch geübt hätten. Wir probieren gleich das neu Gelernte gemeinsam aus. Und es geht. Und es macht Spaß. Mehrfach stoßen wir an den Eßtisch, bis wir den Störenfried kurzentschlossen beiseite räumen und uns lustvoll drehen. Zwischen meiner Frau und mir – nie Klumpen!

Am Kollegentisch ist ein Ereignis in einer benachbarten Gesamtschule Tagesgespräch. Der Schulrat habe sich ins Strauchwerk vor dem Schuleingang begeben; der Werklehrmeister, der um sieben Uhr mit dem Dienst beginnt, habe ihn verwundert zuerst gesehen. Mit der Beschreibung der Personen, die sich erst nach acht ins Schulhaus begeben hätten, habe er sich zuerst an den Hausmeister, und als der sich doof stellte (ausgeschlafen, der Hausmeister, was?), habe er sich an den Rektor und Konrektor gewand, und sich die Namen der Lehrer auf seine Beschreibung hin geben lassen. Die Namen der verspäteten Schüler habe er ebenfalls haben wollen, um zu kontrollieren, ob diese ordnungsgemäß in den Gruppenbüchern als Zuspätkommer eingetragen worden seien. Der Berichterstatter kann sich aller Ohren sicher sein, bei dem Thema!

Die Kollegen malen sich phantasievoll aus, wie es wäre, wenn die für unseren smarten Schultyp zuständige Schulrätin es ebenso aus dem Gebüsch heraus triebe. Die Schulrätin in Dornen hängengeblieben. Zerrissene Strümpfe. Zerrissener Rock.

Zoff habe es noch gegeben, weil sich ein Fachbereichsleiter, der die Schule zehn nach acht zum Zweck der Unterrichtsvorbereitung gemütlich mit leichtem Schritt betreten hatte, sich ebenfalls auf der Liste der Zuspätkommer fand. Zettel im Fach von der Schulleitung. Zuspätkommen am soundsovielten. Sache bis übermorgen schriftlich begründen, nächsten Montag um 7.15 Uhr im Schulamt sein, Termin mit dem Schulrat zwecks Stellungnahme. Im Auftrage – Die Schulleitung. – Nur ein Unschuldiger, wie dieser Fachbereichsleiter, wird einen großen Klumpenmotz machen.

Nach anfänglich emotionaler Beteiligung an der Erörterung der in diesem unerhörten Vorgang enthaltenen Aspekte des Dienstrechts und der allgemeinfürsorglichen Amtsführung durch den Schulrat, ziehe ich mich schnell aus der Diskussion zurück. Vor meinem geistigen Auge erscheinen Visionen von Sprüchen an der Turnhallenwand: Versatzstücke sind Schulrat, Gesamtschule, Pünktlichkeit, Gebüsch, Unzucht mit der Zeit, usw. Eine phantastische Möglichkeit zur Lösung meiner Spruchprobleme. Allmählich konzentriert sich mein Denken auf einen Zweizeiler:

> Der Schulrat lauert im Gebüsch,
> biste pünktlich oder nich'?

Die Pause bietet noch knapp Zeit, den Hausmeister aufzusuchen. Aber vorher anrufen. „Sind sie noch zwei Minuten da? Na Prima!" Ab zum Hausmeisterbüro. Die Tür hinter mir zugezogen, keine Zeit, Platz zu nehmen. Ich setze ihm die Geschichte um den Schulrat, so wie gerade selbst gehört, auseinander – aber die kennt er schon. Das ist ein Gefühl wie ein Kannenguß. Der Hausmeisterfunk über die direkte Quernummer mit den anderen Hausmeistern funktioniert so prima wie der Bundesnachrichtendienst, bloß nicht so hoch dotiert. Er findet den Reim nicht sofort ganz erquicklich: „Reim dich – oder ick fress' dir", aber er wird versuchen, so verspricht er, in dieser Richtung weiterzudenken, zumal wir ohne Alternative sind.

Vier schöne Stunden Aufsatz folgen, nicht unauffällig, sondern im Stundenplan. Drei aktuelle Themen habe ich mir ausgedacht:
- Verhütung von Aids,
- Tempo 100 auf der Avus,
- Freifahrt auf der BVG für Schüler.

Speziell bei Aids und Tempo 100 kochte die Seele meiner Klasse. Die Boulevardpresse hat meinen Aufsatz gründlich vorbereitet. Pädagogik schwarz auf weiß. Und rot. Wie der Titel der Bild-Zeitung.

Bei Unterrichtsschluß ist der Hausmeister nicht da. Angeklebter Zettel: Bin einkaufen! Etwa 15 Uhr zurück.

Anderntags erfahre ich den Grund seiner Abwesenheit: rote Sprayfarbe im Kaufhaus in Neukölln gekauft. „Von wejen der Spuren", wie er es berlinisch ausdrückt „Zehn Dosen sollten reichen, gut geschätzt. Mußte zwei Filialen leerkaufen." Er schwenkt zwei Kassenbons. „Und ich weiß auch schon, wer die Farbe bezahlt!" sagt er siegessicher. Insgeheim erwarte ich, daß er mich im Visier hat. Jeder tüchtige Hausmeister spricht regelmäßig mit den ihn umgebenden Lehrern über deren angeblich riesigen monatlichen Verdienst, genauer gesagt, Einkommen. Das Wort »Verdienste« sollte in diesem Zusammenhang vermieden werden. Das klingt so nach Verdienstkreuz. Es ist mit manchem Verdienst ein Kreuz. Selbst mit dem alten Hausmeister, die Rente habe er jetzt selig, war das Dauerthema für Beleidigungen an meine Adresse. Ohne, daß ich ihm je die berühmten Hausmeisterüberstunden vorhalten konnte. Ja, da klumpte es nur mit dem alten Hausmeister. Wir vereinbaren, daß das Ding am nächsten Freitag steigen soll. Aus welcher Kasse nun die Farbe bezahlt wird, verrät er nicht.

Bereits am Mittwoch erfahre ich über meinen toten Briefkasten von einer Vertretungsstunde in Physik bei einer wenig beliebten Klasse für Freitag. Fachlehrer für Physik wird zur Fortbildung außer Haus sein.

Im Pausengespräch, zwischen zwei Klingelzeichen und den Angeln der Lehrerzimmertür, weiht mich der entsprechende Kollege in die »Geheimnisse« der Gruppe ein. Ein paar Hinweise auf die üblichen Verhaltensweisen einiger ausgesuchter, aber schon einschlägig bekannter Persönlichkeiten. Mit anderen Worten:

Mechanik der Klasse. Ich liebe diese Art der Schnellkommunikation nicht. Zuvieles, was differenzierter anders ausgesprochen werden könnte. Zuviel, was auf diese Art und Weise untergeht. Keine Wärmelehre der Gruppe, nichts Optisches über einzelne.

Aber an Informationen und Hinweisen genug, daß es einen Außenstehenden in der komprimierten Sprache, die wir zum schnellen Austausch benötigen, überfordern würde. Aber so spricht kein Lehrer mit einem Nichtlehrer. Auch im Stress nicht. Dazu, zu dieser Strukturkommunikation, muß man Lehrer sein und Übung haben. Dazu gehört der Geruch von Schule, der Klingelstress. Eine gewisse zeitliche Enge, die es auf diese Weise nur im Beruf des Lehrers gibt und die Begegnung mit vielen unterschiedlichen Persönlichkeiten in kürzester Zeit. Selbst die Kommunikation in einem Flugzeug zwischen den Flugzeugführern ist anders normiert. Hier sind die Sachverhalte nicht auf das Ausfahren von Landeklappen und Fahrgestell gerichtet, sondern auf das unmeßbare Erreichen von Schulerfolg und Sozialerfolg, Lebenserfolg.

Oft habe ich höchst gespannt eine Fernsehsendung verfolgt, in der schier unglaubliche Leistungen in Form einer Wette angeboten wurden. Beispielsweise aus meinem Bereich: die Handschriften von dreihundert Schülern auseinanderhalten können. Aus dem Bereich der Technik: Einen Autotransporter in wenigen Sekunden mit zehn nagelneuen Autos beladen.

Tageweise bin ich der festen Überzeugung, daß ich am Geruch eines leeren Klassenzimmers feststellen kann, welcher Unterricht vorher stattgefunden habe. Durch Nachfragen und Stundenplanforschung kann ich mir einige positive Treffer anschreiben. Mehr Treffer als eine Normalverteilung hergibt. Der Schweißgeruch der normal gelüfteten Klasse, d.h. offenstehende obere Fensterklappen, unterscheidet sich für meine Nase eindeutig in den Fächern Mathematik, Deutsch und Englisch. Der Matheschweiß ist intensiver, durchdringender, läßt sich nicht so leicht vertreiben. Ganz schlimm und streng für meine Nase wirkt sich eine Mathematikarbeit aus. Ein Mathe-Test liegt nach meiner Nase nicht genau zwischen normalem Unterricht und Klassenarbeit, sondern eher zur Klassenarbeit hin. Deutschunterricht (normal) läßt sich zwischen Mathematik – strenger Geruch – und Englisch (leichte Geruchsbelastung) einordnen. Andere Fächer wie Weltkunde oder Musik hinterlassen kaum Duftspuren.

Daran mußte ich denken, als ich die Vertretungsklasse, deren Fachlehrer zur Fortbildung beurlaubt ist, in ihrem Klassenraum abholen will. Undefinierbare Gerüche. Ausbreitung sämtlicher Gerüche und Düfte des Orients, wie ein älterer Kollege es als geflügeltes Wort für seine Geruchserfahrung bei der Aufsicht vor den Mädchentoiletten geprägt hatte. Ich will beim Eintreten in den Raum irgend etwas zum mir entgegenschlagenden Duft äußern. Weil mir aber die Zielrichtung meiner Äußerung vollständig unklar ist, unterlasse ich sie.

Ich weiß noch genau, als ich in den Zeiten meiner Ausbildung zum Lehrer ins Lehrerzimmer gekommen bin, einen Geruchsduft oder Duftgeruch wahrgenommen habe, der mich zum Fensteröffnen und die Kollegen zu entsprechenden Erschreckenslauten vor der Frischluft gebracht hat. „Das stinkt hier wie im Puff!" war es mir laut entfahren. Die Mischung aus Zigarrenrauch und Zigarettenmief, von mehreren konkurrierenden Damenparfüms und Herrenrasierwassern, konnte aus meiner Begriffswelt heraus keine andere Deutung erfahren. Der Arm eines stattlichen, älteren Kollegen umfaßte damals sekundenschnell warm meine Schultern. „Kollege!", zog mich dieser Kollege aus dem hektischen Strom der allgemeinen Kommunikation des Lehrerzimmers in eine stille Ecke. „Waren Sie schon einmal im Puff?" Er wartete fairerweise meine Antwort nicht ab, sondern begann, von seinen Kriegserfahrungen im besetzten Paris zu berichten. Die Wohlgestalt der Damen. Die feinen Verhaltenssitten. Edles Interieur. Das Spiel, einer auf einem Tisch sitzenden nackten Dame eine Münze entgegenzurollen, die sie mit ihrem Geschlecht, respektive ihren Hinterbacken, einzufangen hatte, die ihr Lohn wurde, sobald die Dame das rollende Metall vom Tisch gehoben hatte. Spielerweiterung, die Münze mit dem Benzinfeuerzeug heimlich unter dem Tisch anheizen. Also: ausgiebige Erfahrung gegen meine stillschweigend väterlich-männlich vorausgesetzte Nichterfahrung. Und der Duft. „Nur feinste Wohlgerüche, Alhambradüfte! Kollege, ich bitte Sie, das nicht mehr in Zusammenhang mit dem Lehrerzimmer zu benutzen. Eine völlig falsche Verwendung zur Charakterisierung des Luftzustandes!"

Ernstfall: undefinierbare Duft- und Geruchsentwicklung im Klassenzimmer. Wäre es der unnachahmlich intensive Geruch einer Stinkbombe gewesen, hätte ich mit der lakonischen Bemerkung, daß es bei mir zu Hause immer so rieche, die Fenster schließen lassen. Und hätte mit den Kleinen ausgeharrt. Aber hier? Ortswechsel schlage ich vor, ab in den Physikraum. Kleine Unruhe. Stühlerücken. Losgehen. Verhältnismäßig ruhig geht das vor sich. Warnungen überflüssig?

Im Physikraum teile ich die Bücher aus, um eine Vorinformation über das anstehende Experiment der Mechanik zu geben. Ein mir als problematisch beschriebener Schüler soll aus dem Buch vorlesen. Die anderen sind erstaunlich leise, vielleicht nur uninteressiert. Der Abschnitt hat etwa fünfzehn Zeilen, jede Zeile zwischen acht und zwölf Worte. Mehmet startet gut mit dem Lesen, liest klar, deutlich, verschluckt keine Endung und keinen Buchstaben. Die Betonung ist sinnerschließend, stelle ich lehrbuchmäßig fest. Nach drei oder vier Sätzen beginnt er, das Tempo zu variieren. Er wird mit ganz dezenten Übergängen schneller. Sein Lesen verliert nicht an Deutlichkeit und Ausdrucksstärke. Dann erneut Tempowechsel. Das andere Extrem. Er wird langsamer wie ein jaulendes Tonband, bei dem man die abwickelnde Spule festhält. Mehmet bekommt eine ganz tiefe Stimme. Die anderen Schüler reagieren nicht, tun so, als ob alles o.k. wäre, mein Hörorgan beschädigt sei und im wabernden Zeitkontinuum mir Streiche spiele. – Wahrscheinlich warten sie auf meine Reaktion in irgendeine Richtung. Oder habe ich mich zu wichtig genommen, interessiert sie meine Reaktion gar nicht, wollen sie nur den Tag überstehen, wie wir zu Abiturszeiten?

Sätze später liest Mehmet wieder schneller, um gegen Ende des Abschittes normal zu lesen und korrekt zu enden.

Ich stelle Fragen zum Gelesenen, und weil festzustellen ist, daß der Text nicht verstanden wurde, bitte ich Mehmet, denselben Text noch einmal zu lesen.

Sofort beginnt Mehmet mit dem Lesen, aber ohne die spezielle Lesart. Nach einigen Sätzen drängt es mich, ihn zu unterbrechen. „Ich finde es nicht richtig, wie du liest, vorhin hat mir das besser gefallen."

Mehmet variiert jetzt wieder seine Lesegeschwindigkeit, wenn ich seine Arm- und Beinbewegungen unter dem Tisch dazu sehe, kann ich es beinahe glauben, daß sich in einem verbeulten Roboter ein altes Tonband jaulend abspielt. Ich unterbreche ihn wieder. „Das hast du vorhin aber deutlich schneller gelesen, warum jetzt so langsam?"

Mehmet beginnt von vorn, läßt jetzt die Tempovariation insgesamt weg. Warum nicht gleich so?

VIII

Konspirativ verabschiede ich mich freitags nach der 6. Stunde von den Kollegen. Niemand will heute irgendwohin mitgenommen werden, keiner stellt verfängliche Fragen. Schönes Wochenende und so... Jeder hat jetzt nur das Wochenende im Kopf. Schönes Wochenende... wird schon werden, nur keine Panik. Wir tauschen kleine Gehässigkeiten und herzlich liebe Wünsche aus. Mir knarrt mein Beamtenbuckel, wenn ich daran denke, daß die Sache auffliegt.

Grußlos am Hausmeister vorbei: zuviele Kollegen verlassen gleichzeitig mit mir die Schule. Soll niemand zuviel wissen. Siebzehnuhrfünfundvierzig, das war die vereinbarte Zeit. Zu Hause gestalte ich für mich ein kleines Mittagsschläfchen, das ich aber nicht genießen kann, weil ich viel zu aufgeregt bin. Also aufstehen, Kaffee kochen, zwei Stücke Kuchen essen, Handschuhe und Kittel in eine Plastiktüte stecken. Eine abgewetzte Jacke oder den üblichen Anorak anziehen? Nicht auffallen wollen, also die übliche Bekleidung.

Mit einem öffentlichen Verkehrsmittel fahre ich zur Schule. Um diese Zeit dauert das gut eine Stunde. Schweigend lege ich mir für die Begegnung mit Lehrern oder Schülern Ausreden vom feinsten zurecht.

Pünktlich bin ich im Hausmeisterbüro.

Wir haben jetzt noch eine halbe Stunde Zeit, bis der Polizeisportverein die Turnhalle räumt und der Hausmeister das Schulhaus abschließen kann. Für heute fällt die anschließende Turnhallennutzung durch eine Basketballgruppe (Frauen) aufgrund einer angemeldeten Betriebsfeier aus. Sonst hätten wir die Beschriftungsaktion auf die Zeit nach 22.00 Uhr verschieben müssen.

Dienstschluß des Hausmeisters und Verschlußzeit der Schule. „Bei Kunstlicht malt es sich schlecht", hat Neumann gemurmelt, „Sprüht es sich schlecht", hat einer der beiden Hilfshausmeister verbessert. Wir schütteln gemeinsam die Spraydosen auf. Das geht in die Knochen, meine Herren.

Der Spruch, unser Spruch, wird nochmals durchgekaut. Es ist an ihm nichts zu verbessern. Zielrichtung ist der Schulrat, jetzt verunglimpft als Schwulrat. Eine Person mit Kompetenzen und Handlungsmöglichkeiten. Wenn jemand eine Turnhallenfassadenrenovierung durchsetzen kann, dann der Stadtrat oder er, ist unsere einhellige Meinung. Sonderlich beliebt ist der Schulrat in den Kreisen, mit denen ich zu tun habe, allerdings nicht. Irgend jemand hat gesagt, daß er einmal geäußert habe, daß Lehrer nur pünktlich seien, wenn sie zu ihrer Tennisstunde gingen. Ich bekomme das nicht auf eine Reihe. So was denkt man vielleicht, aber laut sagen?

„Der Stadtrat einen Schatz hat", reimten die Hilfshausmeister im Duett rauher Männerstimmen, ungeölt... Bevor es wirklich obszön wird, verlassen wir das Thema Stadtrat. Der Schulrat sollte ja jetzt helfen. Später, wenn es so nicht klappen sollte, erst Thema Stadtrat. Der Orthographiefehler Schwulrat, ob schwul oder nicht, muß treffen. Insgeheim entschuldige ich mich bei allen Schwulen- und Lesbengruppen, daß so was heute immer noch zieht. Wahrscheinlich mehr, wenn die Behauptung Unterstellung bleibt. Soll ich mal bei der Gewerkschaft nach dieser Gruppe fragen oder das Gewerkschaftsblatt wieder gründlicher lesen?

Der Absender ist mit »unsere Pauker« eindeutig der Masse der Schüler zugeordnet. Und in einer quecksilbringen Masse etwas packen, zumal unschuldig, das ist unmöglich. Für die Gewerkschaft bekommt der Fall ebenso eine Brisanz: Veröffentlichung dienstlicher Vorgänge gegenüber den Schülern. Wer hat gequatscht? Durch diesen Spruch wird Handlungsbedarf auf allen Ebenen hervorgerufen.

Zur Sache: die letzten Sportler verlassen die Turnhalle. Freundliche Grüße der Polizisten. Bis nächste Woche.

Neumann schließt die Turnhalle ab, nachdem er die Umkleide-Kabinen nach Vergessenem abgesucht hat. Mitdenken ist Trumpf! Fehlanzeige. Also für keinen ein Grund zur Rückkehr. Neumann schließt das schwere Schultor nach außen ab. Ein Hilfshausmeister wird ausgesperrt. Mit Putz- und Malutensilien macht er sich lang-sam verabredeterweise über Beschmierungen des Schultores sexi-stischen Inhalts her. Gemütlich, denn er soll Schmiere stehen. Über vereinbarte Klopfzeichen kann er mit dem zweiten Hilfshaus-meister in Verbindung treten. Neumann und ich wollen sprayen.

Als Fingerübung sprühe ich an eine Seitenwand: „Betty liebt Fatty" – und ein riesengroßes Herz um den Spruch. Dafür hat Neu-mann noch zwei andere Farben für sich und für mich besorgt, wegen der Zusammenhänge, besser: Nichtzusammenhänge. Neu-mann sprüht: „Kurz ist doof", mit einem großen Kasten drum von schickem, silbergrauen Autolack, aber doof mit zwei »o« und zwei »f«.

„So, das koste 'ne Lage, Neumann!" Neumann ist lachend ein-verstanden. Schluß jetzt, unsere Finger und Hände sind geübt.

Also die richtige Farbe her. Extremrot, lese ich, extrem haltbar, nicht überlackierbar. Ozonunschädlich. Auf Wasserbasis. Ohne Lösungsmittel. Für unsere Zwecke wie bestellt. „Für Sie extra umweltverträglich." lacht Neumann. Der Kerl geht zur Schule, denke ich, und hat etwas von mir gelernt. Sogar den feinen Unter-schied zwischen umweltfreundlich und umweltverträglich. Der Schulhof liegt still wie ein stumpfer See. Vom Hilfshausmeister kein Zeichen für Gefahr. Los!

Wir wackeln los, jeder mit einer Plastiktüte mit Farbe und einem Stuhl und einer Leiter sowie einer geraden Latte als Lineal ausge-stattet. Mit unseren Leitern kommen wir an der Wand höher hin-auf. Mit Kreide zeichnen wir vor. Einige Linien werden dabei mehrfach verbessert, keine Zeit zum Abwischen. Werden wir uns durchfinden? Neumann holt einen Zollstock aus dem Kittel. Sollte dieses präzise Vorgehen unser Verderben sein, denke ich? Sind all-gegenwärtige Sprayer der Szene auch so umsichtig. Benötigen sie nicht lediglich eine Skizze im Kopf? Als strafverschärfend stelle ich mir vor, hätten wir bekannte Sprayer unserer Schule, ich meine leibhaftige Schüler, zu unserem Unternehmen angestiftet. Diese Idee hatten wir genauso schnell verworfen, wie sie aufgetaucht war. Die halten nicht dicht, sind nicht belastbar, die prahlen mit ihren kleinen Heldentaten vor ihren Kumpeln, das machen wir lie-ber selbst, nur qualifiziertes Personal! Nein, lieber selbst sprayen für den guten Zweck. Neumann verspricht, Sonntag Morgen mit einem kräftigen Wasserstrahl beim Blumengießen die Vormalerei mit Kreide abzuspülen.

Nach unserer Zeitplanung haben wir fünfzehn Minuten für das Vorzeichnen, zwanzig Minuten für das Aussprühen eingesetzt. Das Vorzeichnen dauert länger – unsere ungeübten Zeichenfertigkeiten – in dieser Größe besonders herausgefordert. Das Werk soll nicht laienhaft und nicht professionell sein. Das fordert den ganzen Mann und macht besondere Sorgfalt notwendig.

Schließlich steht es da, ein Dreizeiler, leuchtend rot. Beinahe wäre Neumann beim intensiven Sprayen abgeschmiert, von der Leiter gefallen. Dienstunfall beim Sprayen? - Das geht nicht!

Der Schwulrat lauert im Gebüsch

sind unsere Pauker

pünktlich oder nich'?

Jetzt ein erregtes Zeichengeben vom Hilfshausmeister innen: Gefahr! Der Direx! Später hat der Hilfshausmeister, der draußen schriftentilgend arbeitete, gesagt, daß er den Chef mit frommen Sprüchen aufgehalten und müdegequatscht habe.

Eine schöne Schule haben Sie hier. So eine schöne Schule habe ich noch nicht gesehen. Und die Lehrer und die Schüler, das Personal, so freundlich. Ich bin ja in Berlin reichlich herumgekommen, aber so etwas. Die Lehrer sind voll in Ordnung, das habe ich gleich bemerkt. Und ich weiß, wovon ich spreche! Das Faschingsfest war einsame Spitze. So was kriegt die Realschule nicht hin, die haben ja nur wie blöd dabeigestanden. Herzlichen Glückwunsch zu Ihrer Schule. Ohne Sie wäre das doch alles nichts. Einer muß doch...

Und der Rektor sei wie ein Tor auf den Schmus eingestiegen. „Nicht ungeschickt, das mit der Realschule, ja, da fällt mancher drauf rein!" läßt Neumann verlauten.

Aber bevor wir über die Intelligenz des Hilfshausmeisters staunen konnten, mußten wir erst Fersengeld zahlen. Wir haben die Stühle gegriffen. Nicht hektisch, aber mit der Besonnenheit von zweien, die sich darüber klar sind, worum es geht. Die Inschrift auf der Turnhallenfront ist vollendet. Mit den Stühlen und den leergesprühten Dosen geht es auf die nicht einsehbare Seite der Halle. „Mußte noch die Heizung nachsehen", legt sich Neumann für mich hörbar zurecht. Zwei Dosen fallen uns aus den Händen und knallen auf den Boden, rollen scheppernd aus. Nicht mal die in einigem Abstand fressende Taube erschrickt. Nichts von der Tür. Zusammen warten wir, grau gekittelt, aufkommende oder ausbleibende Entwarnung. Neumann ist nicht aufgeregt, kann mit heiklen Situationen bewundernswert ruhig umgehen. Mir schwitzen die Hände, und das Herz rast.

Der Schulrektor schließt sich das Schultor auf, dabei aber keinen Anhalt für Verwunderung gegeben über das verschlossen vorgefunden Schultor, läßt der Hilfshausmeister durchblicken. Die direkte Sicht auf die Turnhalle hat er durch das geschlossene innere Tor nicht. Was Neumann anpackt, das hat Hand und Fuß! Der Rektor geht, ohne den Blick im Treppenhaus auf den Hof zu wenden – jedenfalls gibt es keine Reaktion auf eine Inschrift – in sein Dienstzimmer zu seinen Akten.

Nach der Entwarnung heißt es, sich im Hausmeisterbüro umziehen, Handschuhe und Kittel abstreifen. Aufatmen für mich. Darf ich Neumann aber nicht so deutlich zeigen. Der Test. Schnelles Verabschieden. Nein. Kein Bier jetzt! Allgemeiner Aufbruch.

Zu Hause will mir das Wochenende, so knapp entkommen, nicht recht schmecken. Mit meiner Frau spreche ich über alles mögliche, nur nicht über das, was mich wirklich Stunde um Stunde ein ganzes Wochenende lang beschäftigt. Ansonsten stürze ich mich in Arbeit, sie organisiert Außenkontakte. Ich glaube, sie hat gemerkt, daß etwas mit mir nicht stimmt. Hoffentlich denkt sie dabei nicht an den rot befleckten Hemdkragen von neulich!

Im Fernsehen sehe ich mir die Bilder zu einer Alptraummeldung an. Ein Auto hat mit überhöhter Geschwindigkeit ein Motorrad gerammt, alltäglich, denke ich. Dieses Motorrad, besetzt mit zwei Personen, schleudert in eine an einer Ampel wartende Schülergruppe. Mein Nackenfell, soweit noch vorhanden, sämtliche Körperhaare, stellten sich steil auf. Ein archaisches Gefühl! Fernsehen kann so gründlich unter die Haut gehen! Ergebnis: Zwei Vierzehnjährige tot, der Klassenlehrer schwer verletzt. Ich übersetzte das Gesehene sofort gefühlsmäßig in meinen Schulalltag und male mir den schwarzen Wandertag mit etwas Phantasie aus... Bei uns geht ein Warten an der Ampel nie ruhig ab. Einige hampeln auf die Straße, müssen gemahnt werden. Einige drängeln, schubsen, träumen, spielen: Schüler eben. Die Schüler trifft – nach der Fernsehmeldung – kein Verschulden. In meiner Phantasie hake ich einige liebgewordene Schüler aus der Klassenliste ab – tot. Stelle mir die Fragen und die Reaktionen der betroffenen Eltern vor.

„Hätten Sie nicht drei Schritte beiseite stehen können? Hätten Sie nicht zwei Minuten später dort vorbeikommen können?"

Schuldlos schuldig, der Kern eines ewigen Dramas! Daß ich oder die Klassenlehrerin der Klasse, die ich mir vorstelle, schwer verletzt sein könnte, zählt bei meiner Imagination nur am Rande.

Nur langsam vergesse ich die Nachricht und meine Gefühle dabei beim folgenden Spielfilm. Eigentlich sehe ich nur die Nachrichtenszenen. Der Spielfilm wird belanglos. Für Dienstag habe ich eine Exkursion ins Museum für Verkehr und Technik im Programm. Ich bekomme Herzschmerzen, wenn ich daran ausgiebiger denke.

IX

Montag Morgen ist das Werk öffentlich zu besichtigen. Neumann hatte, das war meine einzige Sorge, die Kreide wie versprochen entfernt, aber unabgesprochen eine unleserliche Signatur hinzugefügt. Der Mann hat Nerven! Wirkt echter, hat er mir erklärt. Und im Hausmeisterbüro steht keine Farbdose öffentlich herum. Was Neumann macht...

Auf dem Hof stehen morgens jede Menge Schüler. Umherstehende Gruppen von drei, vier und fünf Persönlichkeiten, sprechen von „den tapferen Schülern, die das vollbracht haben". Eins zu Null für den Spruch, denke ich.

Ich versuche, heute so normal wie immer zu reagieren, beteilige mich an den Diskussionen um das Tagesgespräch, den Turnhallenspruch. „Neumann hätte besser aufpassen müssen!" sagt eine Kollegin, die häufig andere als Verursacher ihrer Fehlleistungen verantwortlich macht. Ich stimme ihr laut zu, aber gebe zu bedenken, daß auch er einmal Dienstschluß habe. Daß während seiner Dienstzeit geschmiert worden sei, schließen die Diskutanten aus. „Das hatten wir noch nie an der Schule, so große Schrift!" sagt einer halb erschreckt, halb ehrfurchtsvoll.

Einer erklärt, die hätten schlechten Deutschunterricht genossen, die das geschmiert hätten. Hinter »Gebüsch«, wenn es denn so formuliert sein soll – müsse mindestens ein Gedankenstrich – oder ein Bindestrich. (Wären die Kollegen auf die angebotene Diskussion »Bindestrich und Gedankenstrich« eingegangen, ich hätte mich bei diesem Bierernst weglachen müssen. Ich hätte mich in einem Kreis gescheiterter Philosophen gewähnt. Aber die Diskussion findet nicht statt.) Und der Reim: Hingequält. Gewillmutet. Und das Wort »Schwulrat« gäbe es nicht. Hier nicht und nirgendwo. Ein grober Verstoß gegen den Duden. Aber es stehe da, denke ich. Und Konrad in Ehren. Würde man alle Schüler erfassen, die Fünfen und Sechsen im Fach Deutsch hätten – in dieser Gruppe müßten der oder die Täter – seiner Meinung nach – zu finden und zu ergreifen sein. Aber, lache ich mir ins Fäustchen, „Mich fragt ja keiner!" fügt er selbst noch hinzu; sonst hätte ich es sagen müssen, daß ihn zum Glück keiner frage. „Endlich was los in der Schule! Der Spruch hat gesessen", stellt ein selbsterklärter »achtundsechziger« fest. Sprüchemacher, Maulstricher, denke ich. Für achtundsechzig biste mir viel zu jung. Siehst nur so aus. Genauer: kleidest dich nur so! Gleich wäre ich auf seine blöden Sprüche eingestiegen, und hätte ungewollt meine wahre Haltung in dieser Sache verraten, aber der Kopierschüler ruft mich an die Tür. Glücksfall. Ich nehme meinen Koffer mit und verschwinde – vorzeitig – in den Unterrichtsraum. Zwei zu Null.

Dort werde ich mit einem herzlichen „Können Sie denn nie fehlen?" begrüßt. Auf dem Lehrertisch liegt eine kommentierte Zeichnung. Unschwer erkenne ich mich selbst. Charakteristisch, gut getroffen. Ein Steckbrief meiner Person, ausgesetzte Belohnung zunächst 1000 Dollar, offensichtlich mit einem Strich auf der eins auf (unübliche) 7000 Dollar erhöht. Der Schrift nach ist Kerstin die Verfasserin. Ein schönes Andenken an diesen Schultag.

Wertvoll, wertvoll bin ich den Lieben. Fahndungsgrund: Kinderquälerei. Schöner Ausdruck für Übung, Test, Lernzielkontrolle, Klassenarbeit. Aufsicht. Pause. Zeugnis. Sicher ist die kleine Zeichnung von irgendeiner Mädchengruppe. Mädchen nehmen insgesamt viel intensiver Anteil an dem, was ein Lehrer macht. In der begonnenen fünften Stunde geht die Klassenzimmertür auf. Es ist der dicke Erich, dem der Schulleiter oder die Sekretärin jetzt wieder Bewegungen, und sei es Treppensteigen als Bote, verordnet haben, und der mit fast allen Schülern kleine Händel auszutragen hat. Erich ist so breit, daß man ihn auch getrost Doppelerich oder Dreifacherich nennen könnte. Einen Türrahmen füllt er gut aus. Sollte mal zur Abnehmungskur, denken die, die ihn nicht näher kennen. Aber er hat kein leichtes Leben, ist ständiger Klient irgendwelcher Arztpraxen und Kliniken, der Sonnenschein jeden Lehrers, der ihn zu nehmen weiß, der Schrecken jeden Lehrers, der es sich mit ihm verscherzt, es also klumpen läßt. Die Schüler meiner Klasse johlen bereits, als sie ihn im Türrahmen erblicken. Erich ist schulbekannt. Erich kommt artig an meinen Schreibtisch und gibt mir freundlich einen gefalteten Zettel und geht wieder, nicht, ohne Fritzchen unmotiviert beim Rückweg eine zu scheuern. Nicht sehr kräftig diesmal, wie ich finde. Wohl mehr ein Zuneigungsbeweis. Ich gehe dem heute nicht nach. Jetzt hat es gekracht, denke ich, als ich den Zettel auseinanderfalte und zur Kenntnis nehme. Kurze Mitteilung in Krausescher Manier: „Klasse sofort entlassen. Sofort im Amtszimmer melden." Grummel, grummel. Ich befinde mich jetzt in einer Zwickmühle. Außerdem ruft mein Magen Flaute aus! Blutdruck im Keller. Es muß riesengroß geklumpt haben! Deshalb die Eile! Soll ich die Schüler zum morgigen Besuch im Museum für Verkehr und Technik bestellen oder nicht? Endet für mich heute, jetzt ist es zwölf Uhr Mittag, mein Lehrerleben in einer öffentlichen Schule? Wer hat gequatscht? Wie konnte das so schnell herauskommen? Werde ich jetzt nur noch meinen eigenen Briefkasten leeren und meine Katze lehren, ein artiges Tier zu sein? Ich denke, Abbestellen der Schüler sei ein Eingeständnis in eine ungünstige Richtung. Ich beschließe, die Schüler zu morgen ins Museum für Verkehr und Technik zu bestellen. 10 Uhr, pünktlich, Haupteingang. Eintrittsgeld mitbringen. Sollen sie doch eine Vertretung organisieren, wenn sie mich jetzt fristlos feuern.

Ich verkaufe meinen Schülern den Zettel, die Mitteilung an mich, als Geschenk an die Klasse: Unterrichtsschluß jetzt – nein – keine Hausaufgaben! Eine Art Hitzefrei ohne Hitze, ach, sollen sie doch denken, was sie wollen.

Ich lege mir alles zurecht. „Laß dich überraschen, schnell kann es gescheh'n", geht mir ein Werbespot durch den Kopf, den ich üblicherweise laut singend als „Laß dich übel-raschen" umgepolt habe. Chineseln singeln ebelnso! Im Treppenhaus sehe ich zwei völlig zerstörte Lichtschalter. Um die Schalter herum mit Benzinstift etwas Unleserliches gemalt. Wie heißt die Kampfsportart, bei der der Fuß besondere Bedeutung erhält? Und überall im Treppenhaus fünfmarkstückgroße Auleteiche. Teilweise grün, teilweise erst zerfließend. Meine entlassene Klasse...

Im Vorzimmer treffe ich den Hausmeister. Komplize Hausmeister? Mitgesprayt, mitgegeht? Und die Meier. Der Rektor öffnet seine Amtszimmertür und holt uns herein. „Frau Krause, Kaffee, bitte."

Wir setzen uns auf die zugewiesenen Stühle. Entschuldigt seine ungewöhnlichen Maßnahmen. Den abrupten Unterrichtsschluß. Sonst nicht seine Art. Er sei immer sehr korrekt, aber in dieser Situation... Dann läßt der Chef die Klumpen zerbröseln. In zehn Minuten »Baubesprechung« mit dem Bauamt. Ein Vertreter der Eingreiftruppe sei dann auch da. Wir müßten jetzt, vorab, eindeutig unsere Position klären, Druck machen, herausholen, was herauszuholen sei, die generelle Renovierung der Turnhallenfassade durchsetzen. Die Unterlagen seien ja soweit vorbereitet: Farbwünsche, Spielfelder, Bereiche für die Bildende Kunst, teilweise Begrünung. Die Kriminalpolizei sei bereits gegen 7.30 Uhr, nach Rücksprache mit dem Hausmeister, dagewesen. Keine Spuren. Keine Augenzeugen. Ermittlungen würden sich ziehen. Wenig Erfolg in Aussicht. Schulrat verständigt – die Krause kommt und serviert heute Kaffee, bringt ihn nicht etwa und stellt ihn hin, nein, serviert: gießt ein, bietet Milch und Zucker an, alle lehnen Zucker ab, bietet Kekse an, irgendwoher hat sie Kekse – der habe natürlich getobt, der Schulrat. Hat Frau Krause heute Geburtstag und Geburtstagslaune? Sonst bedient sie niemals. Hat sie auch nicht nötig. Aber heute. Vielleicht gefällt es ihr auch, die alte Turnhallenfassade nicht mehr ansehen zu müssen? Der Chef wedelt mit einem Sofortbild in der Luft herum, so ein Wort habe er noch nie lesen müssen! Das gäbe es ja gar nicht! „Und dann renoviert es uns die Turnhalle!" (Ich staune sprachlos über meinen Chef). Die Meier kleckert mit dem Kaffee. Der Schulleiter sieht es nicht, vielleicht sind es keine wertvollen Dokumente, die sie mit ihrer Kaffeetasse kaffeebraun siegelt. Neumann und die Hilfshausmeister werden für ihren ständigen Einsatz gegen alle Arten von Beschmierungen und Verschmutzungen ebenso gelobt wie die Reinigungskräfte. Sollen alle anschließend mal zu ihm kommen! Neumann grinst. Stiller Dank für die ausgesprochene Anerkennung, was Neumann anpackt...

Telefonklingeln. Der Chef spricht eine Weile darüber hinweg, wie es seine Art ist, Realschule gleichermaßen betroffen, aber sei nicht hausverwaltende Schule, weil wir zehn Schüler mehr hätten, könne sich aber mit dem nächsten Schuljahr wieder ändern, nimmt den Hörer ab: die Sekretärin. Die Bauleute seien eben auf den Hof gekommen, habe der Hilfshausmeister gesagt.

Allgemeiner Aufbruch in Richtung Hof. Die Meier bleibt zurück, weil sie noch die Tassen und Untertassen sortiert. Wahrscheinlich, um bei der Sekretärin einen Punkt zu machen. Wird nur ein kleiner Punkt werden, denke ich, die Sekretärin überläßt in solchen Situationen die schmutzigen Tassen lieber der gleichnamigen Reinigungsfrau und hält sich korrekterweise lieber am Telefonhörer fest.

Die Eingreiftruppe wird vertreten durch Herrn Barinski, Verwaltungsleiter, das Bauamt ist da sowie eine junge Frau, deren abgewetzte Jeans und bequem ausgelatschten Schuhe mir nicht helfen, sie in einen Beruf und in eine Funktion zu stecken. Ich bin um Sekunden zu spät gekommen und habe die offizielle Begrüßung, Händereichen, aber nicht über Kreuz, verpaßt. Ich frage die Meier flüsternd, wer die junge Frau mit den Jeans sei. Die Meier hat das auch nicht mitbekommen und flüstert mir das zurück. Aber sie war pünktlich. Sie hatte die Chance gehabt...

Neumann weiß Bescheid: Die Frau sei die Architektin, die die Renovierungsarbeiten begleiten wird, Schnau, ihr Name.

„...hätte gar nicht gedacht, daß wir uns so schnell wiedersehen, aber der Zufall. Zu Ihrem Problem: Nach Rücksprache mit Blablabla, doch noch Gelder bewilligt. Heute, in etwa einer halben Stunde", – deutlicher Demonstrativblick zur Uhr – „erste Maßnahmen. Übermalen der Spruchzeilen. Haben im Bauamt einiges an Lachen verursacht, aber beiseite damit. Anschließen totale Renovierung der Außenfassssade der Halle mit allen beantragten Maßnahmen. Maßnahmenkatalog wie vor vierzehn Tagen *abgelehnt*! Noch Fragen?"

Das große Schlüsselbund des Schulleiters liegt heute ruhig in seiner Hand. Kein Grund zur Unruhe, alles läuft für ihn jetzt wie erwünscht.

Durch das Tor zum Hof kommt ein Mann mit hochgezogenem Mantelkragen, so in der Art, wie es meisterlich in »Casablanca« gezeigt worden ist. Als er uns sieht, kommt er schnurstracks auf uns zu. Vorbei an den von Neumann gepflegten Blumen, die er keines Blickes würdigt. Die Meier probiert heute wieder ihren Leder-

Mini aus. Nicht uninteressant, als Mann gesprochen, wie das Material spannt. Kein Blick von ihm. „In seiner Kürze liegt dieses Rockes Würze" denke ich, wieder auf Spruch-Pfaden. Klaro, Mann, das ist der Schulrat, der insgeheime Renovierer unserer Turnhalle. In zehn Jahren werde ich ihm eine Büste stiften, mein fester Entschluß. Begrüßt uns heute, ungewohnt mit Handschlag, staubtrockener als gewöhnlich, wortlos. Der Mann, das muß ich zugeben, ist sichtlich betroffen, durch den Inhalt des Spruches, durch die Buchstabenhöhe oder durch den Wirbel, den die Strauchgeschichte hervorgerufen hat. Sieht keinem richtig ins Gesicht. Wie benebelt.

Klingelzeichen, Schulschluß für die meisten. „Mußte mir das mal ansehen", murmelt er – mit dem Blick auf dem Boden – und geht. Mitgenommen, verwirrt. Eine Turnhallenrenovierung hat ihren Preis, denke ich. Wer gut austeilt, sollte gut einstecken können, lege ich mir als moralische Pufferungen zurecht. Mit der Perspektive ändert sich die Beurteilung jeder Sachlage, denke ich. Und ich erinnere mich dabei an einen anderen Schulrat, der gewirbelt hat und geklumpt hat, der in Haupt- und Nebensätzen, in direkter und indirekter Ansprache, den Kollegen und dem Schulleiter den Krankenstand an unserer Schule mehr vorgeworfen als vorgehalten hat.

Schnelle telefonische Nachfragen bei anderen Kollegien ergaben dort bedeutend höhere Krankenstände, natürlich auch vom Schulrat in alter Manier moniert. Er wurde aber dazu nie öffentlich zur Rede gestellt oder zur Rechenschaft gezogen. Flüchtete sich dann irgendwann selbst in Krankheit, Alkohol sowieso; kurte ausgiebig, um nach kurzer Rückkehr in den Dienst erneut zusammenzubrechen. Frühpensionierung. Unser Krankenstand – von wegen. 'Ne Zeitungsente fliegt dagegen mit den Adlern der Rocky Mountains um die Wette!

Der Schulrat muß unseren Hof mit den herausstürmenden Menschenmassen unserer Schülerklientel verlassen. Aber niemand spricht ihn an, niemand macht anzügliche Bemerkungen, weil niemand ihn hier kennt. Ein Vater oder ein neuer Lehrer, mögen die Schüler denken. Sollen sie. Die ersten Maler erscheinen in Arbeitsmontur und mit Leitern. Mit den ersten Strichen ihrer Farbrollen verschwindet unser Meisterwerk unwiederbringlich. Einige Schüler, die zu Hause nicht erwartet werden, befragen die Maler, was sie da machen würden. Die Arbeiter geben handfeste Antworten und lachen, so daß sie bald allein werkeln können.

Unser Gesprächskreis löst sich auf. Der Chef steckt uns den bereits abgesprochenen und vom Bauamt schriftlich fixierten Maßnahmenkatalog zur Renovierung zu. „Bitte mal bis morgen überprüfen und gegebenenfalls noch ergänzen." So kenne ich unseren Chef gar nicht, wie eine Löwe nachsetzend. Dem Bauamt keine Gelegenheit lassend, billig davon zu kommen.

Nach dem Schrecken in den Knochen brauche ich jetzt einen gründlichen Lehrerschlaf. Nervenknistern. Neumann hat keinen Schrecken in den Gliedern, sondern bis 22 Uhr Dienst. Freundliche Verabschiedung. Kollegin Meier läßt sich bis zur U-Bahn mitnehmen. Small talk natürlich über die Schüler, die drei Zeilen. Wenig Privates. Dafür ist zwischen uns beiden speziell kein Raum, scheint es.

X

Nach dem Ausschlafen fahre ich in ein Elektronik-Kaufhaus zur Vorbereitung des kommenden Unterrichts. Kleinteile fehlen. Widerstände und Kondensatoren. Natürlich wieder Parkplatzprobleme. Leichter Regen. Vor dem Laden stochern zwei Jugendliche in einem gebündelten Stapel Zeitungen herum. Sie haben eine Art kurzen Degen aus einem zerstörten Regenschirm entnommen. Sie machen sich an die unnütze und schwere Arbeit, aus dem Papier einen Fetzensalat herzustellen, so intensiv stechen sie auf das Papier ein. Als ich an den etwa Vierzehnjährigen vorbeigehe, macht einer eine Gebärde, als wollte er mich mit dem Degen durchbohren. Ich mache einen Schritt auf ihn zu und biete ihm unvermittelt ein paar in die Schnauze an.

Die Handlungen dessen, der die »Waffe« in der Hand hat, werden vorsichtiger. Ich wende mich zum Einkauf. Um mich herum »Öffentlichkeit«, die wuselt und selten eingreift, sich um das Verhalten von Jugendlichen in Grenzbereichen zwischen akzeptiert und kriminell nicht kümmert. Kostet Zeit, bringt Ärger. Ich halte es nicht für verkehrt, wenn Erwachsene Jugendlichen Grenzen setzen, und wenn sich Erwachsene gegen eine konkrete Bedrohung angemessen wehren.

In meinen Augen hat bei den Jugendlichen die Androhung körperlicher Gewalt durch einen Erwachsenen ausgereicht, ihr Verhalten wieder in übliche irdische Bahnen zu bringen. Zurück aus einem der unzähligen Kabelkanäle mit unzerstörbaren, schmerzfreien Helden in übliche Straßen mit realen Passanten. Mit Androhung realer Schmerzen und mit Vollzug realer Schmerzen. Autounfall, Intensivstation und Tod eingeschlossen. Ein Laster diskutiert nicht, der Zwillingsreifen zerquetscht!

Programm ist das, was man per Knopfdruck bequem wechseln kann. Meiner Meinung nach fehlen den Jugendlichen viele kausale Erlebnisse im sozialen Bereich. Die dünne Trennungslinie zwischen Traumwelt an der Fernbedienung und Realität muß durch Erfahrungen dicker, viel dicker und haltbarer als mit Benzinstift, gezogen werden.

Im Kaufhaus begegne ich den beiden Burschen nochmals an einer Engstelle. Ich schaue mir Lampen an, scheue mich nicht, diese ausgiebig auszuprobieren, bewege mich ohne Scheu und beanspruche Platz. Hinter meinem Rücken registrieren meine Lehreraugen, daß beide einen Bogen um mich machen, der trotz der Enge eine körperliche Berührung vermeidet. Meisterstück, ohne Berührung an mir vorbeizukommen. Lernziel erreicht. Mist. Der Zweite rempelt leicht. Wohl ohne Absicht. Lernzielkontrolle zu schwer?

Als ich mit dem Einkauf fertig bin, den Laden verlassse, stehen die beiden wieder am Zeitungsstapel. Ich werde dort vorbeigehen, weil es der kürzeste Weg zum Parkplatz ist. Wenn die beiden eine Neuauflage des alten Spiels bereithalten sollten, bin ich bereit, einzusteigen. Aber nichts geschieht. Eine Menge Datenfluß, um einige Jugendliche von schadenstiftendem Sozialverhalten abzuhalten.

Vor dem Zündschlüsseldrehen verharre ich in meinen Gedanken. Für die beiden Jungen hätte ich aus meinem Gedächtnis heraus viele Gestalten meines Schulalltags einsetzen können. Erich, Stefan, Mehmet. Und Hugo, den Yugo. Kinder der Straße, früher sagten sie »Schlüsselkinder«, heute haben sie viele Bezeichnungen: Videoabhängige, vom Fernseher Erzogene, Traumtänzer, Karatekids, Rambos, die einen anderen blutig schlagen, ohne Ende – aber dem Lehrer in den Schoß kriechen, wenn sie sich am Schraubendreher selbst blutig geritzt haben.

Ich wünsche mir in meinen pädagogischen Alltag mehr gesunde Reaktionen von Erwachsenen, die den Jugendlichen eindeutige Grenzen setzen. Gesund noch, daß die beiden auf Worte wie »in die Fresse schlagen« reagiert haben. Hätten die beiden mich als Lehrer gekannt, wäre der gleiche Sachstand nur mit sehr viel mehr Worten, mit sehr viel mehr Zeiteinsatz zu erreichen gewesen. Schüler nehmen Lehrer nicht als übliche Erwachsene wahr. Warum?

Vor dem Museum für Verkehr und Technik steht meine Gruppe, eine achte Klasse. Heute findet der Physikunterricht außerhalb statt. Allgemeine Übereinkunft – seltener Fall übrigens – herrscht unter meinen Kollegen darüber, daß der Lernort Schule nicht der wichtigste Ort sei, also immer, wenn es möglich und sinnvoll ist: heraus aus der Schule. Konfrontation mit den Wirklichkeiten des Lebens.

Feststellen, wer da ist. Karenzzeit abwarten, zwischen zehn und fünfzehn Minuten, je nach Entfernung von der Schule. Die Pappenheimer wissen das. Eintrittsgeld einsammeln ist Job der Klassensprecher. Die Gruppe hat die stillschweigende Regel akzeptiert, die Zigaretten ausgemacht, als sie mich um die Ecke kommen gesehen haben. Ich weiß manchmal wirklich nicht, wie die Jugendlichen das durchhalten, den selbstgemachten Stress um die Zigaretten. Sind überhaupt noch Nichtraucher unter den Schülern zu finden? Unter den Kollegen werden es immer mehr, Gottseidank! Einsicht oder Notwendigkeit. Die ehemaligen Raucher sind die schärfsten Nichtraucher. Mich fragen die Kollegen immer, ob ich geraucht hätte. „Diese Kinderei habe ich nie nötig gehabt!" gebe ich häufig zurück. Einige Schüler der Gruppe stinken so nach kaltem Rauch, daß ich ihnen das sagen muß. Keine Reaktion. So rieche ich immer, wird mir geantwortet. Ja, und deshalb merkst du es selbst nicht mehr. Aber die anderen umso stärker.

Wir betreten das Museum. Nichts von würdiger, Gespräche verstummenlassender Halle, nichts Respektheischendes. Mit Widerwillen folgen die Schüler den allgemeinen Regeln: Jacken ausziehen, Taschen abgeben. Ich betone, daß jeder eine Schreibunterlage und einen Stift braucht. Kramerei. Borgerei. Übliche Unruhe. Ein Außenstehender, zum Beispiel, der Zeuge dieser Schüleraktivitäten wäre, würde nervös werden. Mir schildern, daß er so was nicht machen könne. Gemeint ist: Dieses Durcheinander akzeptieren und so organisieren, daß etwas positiv Vorzeigbares dabei herauskommt.

Die Museumsleute haben das prima organisiert. Der Aufseher, der uns schon lange vorher sieht, holt eine große, mit einem leichten Deckel verschließbare Aluminiumwanne auf Rollen herbei, und läßt die Schüler der Klasse ihren gesamten Besitz hineinlegen.

Ein hellmetallisches Klirren zieht mit einer nicht zu beschreibenden Kraft meine Aufmerksamkeit auf sich. Das muß Pädagogik sein, die Kraft, Neugier, auch in schwierigen Situationen zu entwickeln, loslaufen, obwohl man nicht weiß, wo man ankommt, Konflikte suchen – und finden. Herausforderungen annehmen, woher sie auch stammen. Aus irgendeinem Mantel ist eine Metallscheibe auf den Fliesenboden gefallen. Ein Wurfstern, es scheppert gehörig, sehe ich sofort, obwohl ich dieses Teil nur aus Schilderungen von Schülern kenne. Scharf, dieses Teil. „Meiner", sage ich und stecke ihn schnell ein, bevor ein Streit darum entsteht. Die aktuelle Rechtsprechung hat den Besitz dieser Teile legalisiert, aber ich halte Wurfsterne nicht für akzeptabel in Schülerhand. Jeder, der sich einmal an einer Konservendose geschnitten hat, weiß, wie scharf Blech sein kann, und die Dinger sind massiv und scharf wie Rasierklingen! Also einen Schritt in den Rechtsstreit, der Schulleiter würde hinter mir stehen, die Schulrätin würde gut zureden, das Schulamt würde sagen, Privatklage von Eltern wegen Diebstahl (Sicherstellen unerwünschter Gegenstände) durch einen Lehrer selbst durchfechten. „Hat jemand noch Springmesser oder Käsedolche? Gleich her damit!" Keine Reaktion der Gruppe, sind ja cool drauf heute. Mit Mühe gelingt es mir, den Wurfstern so aus meiner weiten Sakkotasche zu holen, daß die Tasche nicht zerschnitten wird und anschließend wird die Waffe in mehreren Bögen Schreibpapier verletzungssicher eingepackt.

Niemand, der Eigentum am Wurfstern geltend macht. Kennen die Gesetze wohl noch nicht. Na, ich kann warten. Laut sage ich: „Das Teil kann beim Schulleiter ab morgen abgeholt werden, von den Eltern!"

Keine Reaktion, auch gut, so. Die Mädchen der Gruppe läßt das eben Geschehene völlig draußen. Die Mädchen interessieren sich sowieso nur für Waffen, die etwas mit ihren Körpern zu tun haben, also Klamotten, Kosmetik, Küssen. Sie versäumen dabei nichts!

Unter den Jungen ist ein ruhiger, sonst unauffälliger Schüler, der die Waffe wahrscheinlich verloren hat, der im üblichen Unterricht pausenlos Kampfflugzeuge zeichnet, mit gewisser Übung darin, die ihm so leicht keiner nachmacht.

Dann gab es noch einen, früher, der hat irgendwann eine Pistole in die Schule gebracht, die ich ihm einfach abnehmen mußte. Der hatte die Art, die Situation auszunutzen, wenn ich nach der Stunde noch mit irgendwem reden mußte, indem er sich ein Stück Kreide schnappte, und los ging es. Ehe ich es bemerkt hatte, war ein Frauentorso an der Tafel, der in der Schnelle recht grob geformt, meinem Kollegen, Herrn Professor Unrat, Schamesröte eingegeben hätte.

Dann kam der Schwamm zu seinem Recht. Einzelne Körperpartien wurden wieder und wieder ausgelöscht und sexuell stärker ausgeformt, wieder und immer wieder überarbeitet, begleitet, von leisem Reden; beschrieben wurde, was unpassend war, was besser – präziser – werden mußte. Ohne Ruhe, ein Künstler mit der groben Schulkreide, mit der ich mich manchmal wirklich mühen muß, wenn ich technische Zeichnungen sauber herstellen will. Aus unästhetischen Brüsten zum Beispiel wurden die erlesensten Früchte des Orients. Nachlässig geformte Hüften erhielten Idealformen mit Schwung. Seine Spezialität war es auch, den Bereich zwischen den Schenkeln einer Frau nach der Natur abzubilden. Als ich nach einem Zehnminutengespräch mit einem anderen Schüler wie zufällig zur Tafel blickte, prangte dort ein Wesen, weiblich, voller offensichtlicher Lustbarkeiten, derart ästhetisiert, daß ich das Modell dazu persönlich gern kennengelernt hätte.

Jedes Schamhaar rollte sich so, daß es freigab, was es sonst verbarg. Jeder Kreidestrich ein Zeugnis von Verehrung und Kenntnis. Vierzehnjährig. Hochgewachsenen wie überdüngter Mais. Und nun hieß es, pädagogisch reagieren, den Künstler zu bitten, sein schönes Werk vollständig mit eigener Hand zu löschen, die Zeichenkunst zweifelsfrei anzuerkennen, aber das Motiv und die grüne Schultafel als unzusammenpassend zu kennzeichnen. Nicht auszudenken, hätte ich dieses einen Meter hohe Werk für den nächsten Tag an der Tafel gelassen. Niemand hätte mir geglaubt, daß es nicht im Unterricht („Welchen Unterricht machen Sie denn, Herr Kollege?") sondern während ich ein pädagogisches Gespräch nach Unterrichtsschluß führte, entstanden war. Das Ablöschen ging nicht so einfach, es wurde mit Worten gefeilscht um das Dranbleiben, der Schwamm trat in Aktion und die neuen Gesichtszüge des Modells wurden aus dem fast unerschöpflichen Fundus meines Lehrer- und Lehrerinnenkollegiums entnommen. Mit wenigen Änderungen wurden viele bekannte Gesichter in rasender Schnelle mit dem Unterleib einer »Sexualverbrecherin« versehen. Nie mit einem männlichen Unterleib. Ein Spiel nicht ohne Problematik. Wahrscheinlich hätte ich ein Foto von der Tafelzeichnung machen sollen und dieses dem betreffenden »Lehrkörper« schenken sollen. Begnadete Künstlerhände, aber die für unsere Institution zu delikaten Motive! Einen Aktzeichenkurs hätte er gesprengt. Bereits zu professionell! In dem Alter! Die Waffe, die mitgebrachte Pistole beendete, wie gesagt, seine Karriere bei uns an der Schule. Wäre froh, ihn in geordneten Bahnen zu wissen, von ihm andere künstlerisch gelungene Werke aus anderen Themenkreisen zu sehen. Der Bursche hatte zweifelsfrei Talent. Aber auch zum Klauen, zur Körperverletzung, weil jähzornig und mit Bärenkräften ausgestattet.

Diese Geschichte am Lehrerpausentisch erzählt, brachte wenig Verwunderung herbei, nur ein »Bei Dir auch?« und das verstärkt von den Kolleginnen. Ich fragte dann nicht weiter, sondern sah mir die Gesichter an und sann nach über die mir bekannte Einzelheit, daß er nie männliche Körper zeichnen wollte...

Was habe ich nicht schon an Waffen eingesammelt. Die harmloseste Waffe war ein Kamm mit dem Griff eines Springmessers, total harmlos, wie der Schüler der mich damit anführte, mir sofort zeigte. Reingefallen, Pauker, was? Hat mir der Kerl doch bewiesen, wie sensibel ich auf Dinge reagiere, die wie Waffen aussehen.

Was müssen da Polizisten aushalten. In dem Beruf, meine ich, wird es doch schon mal ernst, mit der Begegnung mit einer Waffe. Dann das gleiche Spiel mit einer »Eierhandgranate« – zum Glück ein Jokestück aus Plastik. – Bleianspitzer, haha! Größtes Abnahmestück in meiner Laufbahn war eine, wie mein alter Chef mit Erfahrungen aus dem Zweiten Weltkrieg sagte, »Luftabwehrrakete«. In die Schule geschleppt von einem Militaria-Fan. Militärkleidung, Tarnkleidung im Unterricht, grobsohlige Springerstiefel, mit denen er jede Menge Dreck in die Klasse von den unbefestigten Stellen des Schulhofes heraufbrachte. Wahre Wagenladungen. Deutlich zu sehen, wo er die Pause verbracht hatte: auf dem inoffiziellen Raucherhof. Und der bestand für diesen Schüler aus einem Dickicht in einem großen Buschwerk. Und wir haben viele verschiedene Raucherhöfe, auch gepflasterte.

Die Luftabwehrrakete hat mein Chef damals im Schnee auf dem Schulhof versteckt, mit dem Hinweis, daß der Schulbetrieb für heute ja sowieso beendet sei, die Turnhalle heute nicht benutzt würde. Er gab das corpus delicti dem Kontaktbereichsbeamten. Schön schwer, unhandlich, und an die sechs Pfund, das Teil. Ansonsten jede Menge Totschläger, Klappmesser, feststehende Messer, einmal ein junges Schwert, das heißt, einen Dolch, abgenommen. Je nach Jahreszeit, nach Stimmung unter den Jugendlichen, nach Taschengeldlage. Selten wie bei der Pistole mit einem Direktflug zu einer anderen Schule verbunden, nur möglich, weil dieser lange bestellt und angekündigt war und nun eingelöst wurde. Alle erforderlichen Instanzenwege waren bereits gegangen worden.

Ich gebe jedem Schüler zwei Arbeitsbögen mit entsprechenden Aufgaben. Versuch im Versuchsfeld aufsuchen. Versuchsanleitung lesen und verstehen. Versuch durchführen. Beobachtetes Ergebnis aufschreiben. Hilfen bzw. Fragen aus dem Arbeitsbogen beachten. Partnerarbeit ist nicht nur möglich, sondern erwünscht. Ergebnisse, didaktischer Knackpunkt für Junglehrer, werden in der nächsten Woche ausgewertet und bewertet.

Die Schüler schwirren aus, ich schwirre auch und suche meinen Freund, der hier im Museum arbeitet. Abteilungsleiter. Nicht Sprossenleiter oder Aluminiumleiter.

Ich treffe ihn mit den Technikern bei einer Reparatur eines defekten Experiments. Die Schüler verfolgen meine soziale Kontaktaufnahme neugierig. Bewegen sich in diesem unbekannten Terrain vorsichtig. Ich hoffe, daß das noch eine halbe Stunde anhält, dann werden sie beginnen, zu rennen, zu laut zu werden. Händeschütteln mit meinem Freund. Anreden. Lautes Lachen, Spaß haben.

Zwischendurch Kontrollgang. Ich muß mich überzeugen, daß alle mit den Aufgaben klarkommen, weder in der Ecke liegen und schlafen, noch etwas beschädigen, was zu interessant ist. Einzelne nehme ich beiseite und versuche, ihnen weiterführende Anregungen zu geben. Lose ausgeworfene Hinweise wie »Regentagsadresse«, mal mit den Geschwistern her, mit Freunden, allein – mögen Frucht tragen. Kurze Hinweise, was in den nicht besuchten Stockwerken noch versteckt ist. Leider reicht der Duft, der jetzt kalte Atem der alten, verölten, leicht angerosteten Dampflokomotiven nicht ins Versuchsfeld. Vielen, die das erste Mal hier sind, wird zumindest klar, daß sie das Museum nicht mit einem kurzen Blick überschauen können. So bleibt noch etwas drin im Schatzkästlein.

Einsammeln der Arbeitsblätter. Verabschieden. Uhrenvergleich, pünktliches Erscheinen der Schüler in der Schule wird vorausgesetzt.

XI

In der Schule ein Aha-Erlebnis. Unsere Schrift, der Dreizeiler, ist wieder da! Qualität setzte sich eben durch, oder Quantität? Durchgeschlagen durch die Übermalung. Hier wird dann sorgfältig gearbeitet werden, was ja kein Schaden für die Turnhalle sein muß.

Vorsprechen beim Chef, keine Ergänzungen der beantragten Maßnahmen von meiner Seite. Farbe und alles Weitere steht fest. Ich gebe ihm den Wurfstern, ausgewickelt wie einen Blumengruß, mit einem Kommentar. Die Klasse... Nur den Eltern aushändigen.

Selbstverständlichkeit. Der Chef öffnet seinen Schrank, zieht einen Pappkarton hervor, der neuerdings mit einem Deckel versehen ist. Der Wurfstern versinkt zwischen Tschakos, Messern und Schlagringen. Mehrere Zwischenböden höher blinkt ein Arsenal aus Kognakschwenkern, Sekt- und Saftgläsern. Sehr viel höher Schulrecht und Schulgesetz sowie Rahmenpläne für alle Schattierungen unserer Stoffpalette. Was würden die Schüler zu unserer Waffenkammer sagen, wenn wir sie geballt ausstellen würden?

Im Lehrerzimmer sind zwei fremde Gesichter. Die Auszubildenden. Sitzen herum, warten auf die, die auf sie zugehen werden, verhalten sich noch nicht frei, sondern sichtbar schaumgebremst. Ich werde ihnen einige Tips geben, die hier lebenswichtig sind, aber nicht mehr heute.

Tage später wird ein Gerüst aufgebaut. Maler grundieren die Turnhalle, und alles geht seinen verwalteten Gang.

Im Nachmittagsschlaf brechen wieder alte Ideen auf. Immer wieder tauchen in den einschlägigen Blättern der Lehrerschaft dieselben Annoncen auf, alle im Kern ähnlich und mit kleinen Modifikationen:

Wir suchen
junge Lehrerin oder Lehrer –
zur Betreuung unserer Alten im sonnigen Süden.

– Dann folgt eine Adresse auf einer griechischen Insel. Berliner Telefonnummer. Mehrfach habe ich diese Annoncen gelesen und mir folgendes gedacht: Eine Gruppe pensionierter Lehrer stellt auf einer griechischen Insel einen Lehrer ohne Erfahrungen mit Jugendlichen ein. Seine Aufgabe ist es, am Vormittag, etwa vier Stunden »Unterricht« zu geben. Deutsch, Mathe, Erdkunde, was er eben kann. Und natürlich Klassenbuch führen, Elternabend und Elternbesuch, vielleicht ein Ausflug, Vertrauensschülerwahl. Und Aufsichtstehen. Dabei sind die »Schüler« abgefeimte Lehrer, lebens- und schulerfahrene Pensionäre, die alle Tricks und Schliche aus ihrem Lehrerleben kennen, jetzt wieder als Schüler in der Bank sitzen dürfen, und es dem »Fräulein« mal tüchtig zeigen, oder dem »Herrlein«. Um den Scherz nicht zu übertreiben, sind sie nicht nur nicht wirklich bereit, dafür zu bezahlen, Schüler sein oder spielen zu dürfen, sondern sie bezahlen Übertarif. Nachmittags allgemeines Relaxen vom anstrengenden Unterricht – für die Pensionärinnen und Pensionäre, Lehrerlein muß schuften, trotz siebenundzwanzig Grad im Schatten, Unterricht vorbereiten.

Und ist das Lehrerlein nicht gut, didaktisch ausgeknifft, auf dem neuesten Stand der fachwissenschaftlichen Diskussion, oder stirbt es uns fast vor Überarbeitung, weil nicht belastbar, setzt es sich nicht ausreichend vehement durch, wird gekündigt, eine kleiner Obolus für die Heimkehr gezahlt, man ist nicht weiter gebunden, weil die Probezeit auf ein Vierteljahr vereinbart wurde. Natürlich wird eine kleine Notiz über den Vorgang gemacht. Diese unmögliche Person braucht sich in Berlin nirgendwo mehr vorzustellen, jedenfalls nicht in Sachen Erziehung und Lehre. Meeresrauschen, Sonnenschein, Wellengang, Schwimmen, Tauchen, Surfen, Salzluft. Das breite Blau eines griechischen Himmels. Sonnendurchflutet. Sonnendurchwärmt. Der köstliche Geschmack des griechischen Salates nach einer Vormittagsspaßschule. Das griechische

Weißbrot, die dunklen Oliven. Satziki. Retsina. Ich bin mitten dabei und treibe es natürlich auch toll. Scherze nicht zu knapp. Mir schwebt dabei ein »Elternbesuch« vor. Also Einladung in mein Palais. Ich halte natürlich ein paar technisch ausgefeilte Tricks und ausgeklügelt-pädagogische Gemeinheiten bereit, Testfälle für das junge Leben, schließlich habe ich als Pensionär mein Leben lang in der Schule die Bosheit meiner Umgebung studiert. Die anderen Pensionäre sind natürlich ebenso um einen gründlichen Test bemüht, wälzen in ihrer Freizeit Folianten, um auf's beste präpariert zu prüfen, diskutieren bis in die Nacht hinein unter Kollegen komplizierte Streiche. Wie sagte mein alter Rektor, mein Lehrmeister in vielen Dingen, nichts Menschliches sei ihm fremd. Und so wollten wir es auch halten. Das junge Lehrerlein hält das natürlich nur jeweils vierzehn Tage aus, bekommt aber den Monat bezahlt, eine neue Annonce lockt neue Kandidaten usw. Und wir Alten halten uns dabei jung, werden wieder knackig und frisch.

Vor allen Dingen betreten die Pensionärinnen und Pensionäre, meine Kollegen, die gemeinsam mit mir vergreisen werden (sagt meine Schulrätin) im Alter nicht mehr Neuland. Wir bewegen uns auf dem sicheren Terrain, das uns die Pension ermöglicht: die liebe Pädagogik. Ich muß nur rechtzeitig mit diesem Projekt beginnen.

Hat der Kandidat, gleich ob Männlein oder Weiblein, jedoch die insgeheim als »starke Zeit« definierten zwei Monate mit uns Alten ausgehalten, kündigen wir mit einer Abfindung – und was für das Lehrerlein wichtiger sein mag in diesen Zeiten: ein Diplom unserer Institution, das »goldene Kreidestück« sowie einem Empfehlungsbrief an alle Berliner Schulrätinnen und -räte, die wir natürlich bestens kennen. Besondere Fähigkeiten des Bewerbers werden darin einzeln hervorgehoben. Im Grunde garantieren wir für Qualitäten des Bewerbers einerseits und bürgen nahezu für eine Einstellung im öffentlichen Dienst aufgrund der geleisteten Proben – und müßten dafür unserseits Geld verlangen.

Ich male mir gerade aus, wie das Lehrerlein an der Tafel schreibt, irgendeinen Unsinn, die Alten es mit Krammen beschießen, ferngesteuert Knallfrösche explodieren lassen, oder Pusterohre abfeuern. Das Lehrerlein dreht sich um, und die Alten tun so, als könnten sie keine Papiertaube falten. Und so manches junge Lehrerlein könnte auf diese schnellschmerzliche Weise eine wichtige Lebensentscheidung bei gutem Gehalt überprüfen, was durch Durchsetzen heißt, was eine Horde Unerzogener oder Widerborstiger an Lebensqualität bringt.

Die altehrwürdigen Späße, mit Klebstoff auf der Sitzfläche, ein Pornoheft im Klassenbuch, Uhren verstellen, Leim an der Klinke, Deftiges aus der Feuerzangenbowle, und immer so weiter, als mein Telefon mit hellem Läuten die Welt wieder ins Lot bringt, die Alten ins Heim, die Jungen in die Schule und mich an den Apparat. Nicht mal falsch verbunden. Jemand, der sich nicht meldet. „Feige Sau!" denke ich und rufe ich in den Apparat. Ich bereue es, den Traum nicht weiterträumen zu können.

Der Radiowecker springt an, Zeichen dafür, daß ich mir Entspannung nur in Dosen gönne, die zu gering oder unwirksam sind, aber genau bemessen!

Überproportional oft wird der Titel »Licence to kill« aus dem gewissen Geheimagentenfilm im Radio gespielt, obwohl der Song musikalisch nichts Besonderes hergibt. Der siebente Toilettenagent darf töten. Wie der Staat. Töten mit Unterhaltungswert. Dann doch lieber Hahnenkampf oder Stierkampf. Aber es geht um Millionen. Millionen, die ausgegeben wurden und zig Millionen, die eingenommen werden sollen, deshalb macht man ja diese Filme. Bücher schreibt man aus demselben Grund, aber es ist nicht realistisch, mit Bücherschreiben Geld verdienen zu wollen. Jedenfalls, wenn man die Werbemillionen nicht bezahlen will oder kann. In allen Kanälen im Fernsehen zwei bekannte Blödelmacher, die für ihren neuesten Film dämliche Reklame machen. Die Werbung bekommt Unterhaltungswert, igitt. In den Nachrichten drei Tote. Ein Afrikaner ersticht bei einer Polizeikontrolle, weil er in der Stuttgarter Straßenbahn keinen Fahrschein hatte, zwei Polizisten, von denen ihn einer – sterbend – erschießt. Im Ruhrgebiet beginnt der Gladbecker Gangsterprozess, ebenfalls drei Tote, oder zwei. Das ist die Sache, bei der Journalisten den Geiselgangstern auf den Schoß gekrochen sind, um hautnah von einem unerhörten Ereignis zu berichten. Fragen stellen wie im Kino, nur, daß das Wirklichkeit mit ungewissem Ausgang gewesen ist. Damals mußte ich meinen gesamten Erwachsenenverstand zusammennehmen, um diese Chicago-Meldungen der Tagesschau nicht mit einem drittklassigen Aktionkrimi zu verwechseln. Zeitweise hatte ich den Verdacht, daß mehrere Videofilme vom Sender aus durcheinander gemischt waren. Eine neue Art Millionenspiel, bei dem der Zuschauer auf der Strecke bleibt. Und die Opfer von der Straße. Aus dem Alltag.

In einer aufreißerisch werbenden Filmankündigung im Radio nehmen Gangster in einem Hochhaus dreißig Geiseln. Sie haben Sprengstoff, Maschinenpistolen und so weiter. Ich muß mein ganzes Erwachsensein aufbieten, um Nachricht von Werbung, Kommerz von tragischem Schicksal, und somit Realität, zu unterscheiden, wie sollen sich da meine Jugendlichen zurechtfinden, die kleinen Bonds, Rambos, Zorros, Karate-Kids.

Ich muß da höllisch aufpassen, um immer im Bild zu sein, wer oder was gerade aktuell ist. Die Kinowerbung am Ku-Damm ist ja unüberlesbar. Darüber hinaus muß ich mir was einfallen lassen, der akzeptierte »Häuptling« zu bleiben, also der Ober-Bond, der Super-Rambo und so weiter. Nur darf ich mich nicht so wie das vergötterte Leinwandvorbild benehmen, muß andere Führungsqualitäten zeigen und die Gesetze achten, übrigens, bessere Waffen als gründlichen Humor und eine Menge schlagfertigen Spott habe ich noch nicht in den Arsenalen meiner Lehrerkollegen entdecken können. Und Geheimwaffen in der Schule sind sehr selten. Schwer ist das wirklich mit den Schülern, die auf Rambo-Ebene einen Beweis für meine Position fordern. Jener Unterleibsmaler, dem ich die Pistole abgenommen habe, war so einer. Einmal, als er es wissen wollte, und ich in spontaner Abwehr seines Zugriffs auf meinen Luxusleib ihn mit einer schnellen Bewegung im Schwitzkasten am Boden hatte, ihn fragte, ob mehr gefällig sei, war es soweit. Ich wurde für ihn Super-Rambo. Kam hinterher sehr gut mit ihm aus, fraß mir aus dem Händchen. Hat die Hierarchie mit mir nie wieder tauschen mögen. Nach den Handgreiflichkeiten – ein freundliches Kerlchen. Der Alte muß sich vieles nicht gefallen lassen!

Ich schalte im dritten Programm die Sendungen aus, die in Folgen das Abschlachten von Tigern, Echsen und ähnlichen ausstopfbaren Tieren sowie das Verwenden von Schimpansen in Versuchslabors in Wirklichkeit zeigen. Reportage, journalistisches Handwerk. »Wir töten, was wir lieben« der Titel. Gut gemacht, aber heute unansehbar, Harmonie ist gewünscht, nicht zu den Horror-meldungen eine schlechte weitere.

Im gut gemachten, weil exotischen Krimi Miami Vice, wird ebenfalls wahllos getötet. Die Drogenszene und Drogenjagd als Motiv für die Benutzung tödlicher Waffen. Populäre Musik, hüb-sche Skyline sowie attraktive junge Frauen als Geschmacksver-stärker. Hinterher gibt es keine Gerichtsverhandlung, nur der Leutnant legt fest, wie es weiter geht. Töten ohne Risiko, ohne Konsequenz, ohne problematisierendes Gespräch im Nachhinein. Nur schade, wenn es einen Polizisten-Kollegen erwischt hat. Dann kommen intensive Gefühle ins Spiel. Oder wenn sich eine der bei-den Hauptpersonen verliebt. Möchte wirklich mal diese Serie im Beisein meiner Deutschklasse sehen, möchte wirklich wissen, wie die mitgehen. Was meine Schüler zu den verschiedenen Situatio-nen sagen, das teure Outfit der Helden beurteilen, den großen Wagen bewerten, Miami als Stadt.

Die problematisierenden Gespräche in meinem Lehrerzimmer vermag ich auch nicht immer zu ertragen, aber bei uns geht es fast nie um Mord. Nur manchmal um nervtötendes Verhalten von unseren Schützlingen. Eher schon um Drogen in allen Formen. Die Weltraumfilme wie »Star Wars«, natürlich Fortsetzungen des üblichen Massentötens, verlagert in eine andere Zeit, Töten in grö-beren Mengen. Wie Landserfilme, Western, Ritterfilme. Da ist mir ein gut gemachter Liebesfilm oder Ulkfilm wertvoller. Nach dem Töten: Tagesordnung, Verteilung der neu erworbenen Ländereien, Planung neuer Grausamkeiten. Die Beispiele sind endlos fortzuset-zen. Ich frage mich intensiv, wie lange wir uns das leisten können, auf allen Ebenen der »Unterhaltung«, Tod und Leben so pervertiert tagtäglich in die empfangsbereiten Haushalte und Seelen sickern zu lassen. Ist das eine Form der Lebenslüge, mit der wir in unse-rem kapitalistischen System auskommen müssen. Wollen das die Menschen, die aus unserem Nachbarland zu uns fliehen?

»Aus pädagogischen Gründen« gehen wir manchmal mit einer Schulklasse in eine Gerichtsverhandlung. Warum nicht zu einer regulären Beerdigung, auf eine Intensivstation mit Verkehrsopfern und Drogenabhängigen vom goldenen Schuß, warum nicht in eine Lungenklinik? Weshalb nicht mit Menschen ohne Kehlkopf spre-chen. Ich würde bestimmt genug Patienten finden, die andere vor ihrem Schicksal bewahren möchten. Einen Stricher und eine Nutte einladen, weshalb denn nicht? Trockene Alkoholiker und ehemalige Drogenabhängige, Aidskranke! Formalien würden diese Besuche für den vorbereitenden Lehrer nicht gerade einfach gestalten, aber wirklich Wertvolles ist schwer zu erringen. Als Aids »neu« war, d.h. als die ersten aufrüttelnden Berichte losgingen, habe ich befürchtet, daß jede zweite Beschuldigung in der Klasse lauten könnte: Faß den nicht an, der hat Aids. Nur einmal in jetzt tausend Tagen habe ich so was gehört, und dann nie wieder.

Mit Aids werden sonderbarerweise keine Scherze getrieben. Jedenfalls keine, die ich hören muß. Welches kleine Glück. Nicht auszudenken, wenn ein Schüler oder Lehrer wirklich Aids hätte, und es stigmatisierend oder im Scherz angehängt würde, um den Betreffenden aus der sozialen Gemeinschaft – mit vielen wenn und aber – herauszutanzen und liegen zu lassen. Spießrutenläufe und Schassungen gibt es hier alltäglich genug.

XII

Die Sekretärin, Frau Krause, hat heute morgen ausgesprochen
gute Laune. Unsere Mittfünfzigerin steht mit einigen Lehrern
herum und lacht sich beinahe scheckig. Ein Telefonanruf, wann,
das sagt sie selbst nicht. Aber es muß heute gewesen sein, denn
eine so lustige Nichtigkeit könnte sie nicht so lange bewahren.
Wirkliche Geheimnisse schon. „Franz-Schippel-Schule, Krause,
Guten Tag!", sagt die Krausen, wie sie es immer sagt, täglich sicher
hundertmal. Eine junge Stimme habe sich gemeldet. „Ich bin der
Vater von Metin", habe diese Stimme gesagt. Frau Krause gluckst
jetzt beim Reden. „Ich will Metin für heute entschuldigen", habe
die Stimme gesagt, „er fühlt sich nicht gut." – „Aber der zweite Satz
wurde gestottert, etwa: „Ich, ich, ich will, will, Metin ee-een-tschul-
digen." Frau Krause hält sich nicht lange damit auf, Metin nachzu-
ahmen, alle Umstehenden wissen, wie Metin stottert, wenn er stottert, und wie schwer es für viele seiner Mitschüler ist, dabei die
Ruhe zu behalten. Für Frau Krause ein untrügliches Signal, daß
Metin selbst an Telefon ist. „Und ich habe dann gesagt", spricht es
Frau Krause aus, „Metin, komm lieber zur Schule, als solchen
Unsinn zu machen! Ich warte auf dich!" In ihrer Schilderung ist
kein Fünkchen Groll, also hat die Krausen doch Humor, den sie
lediglich über Jahre hinter DIN-A-4-Schreibmaschinenpapier,
Pflastern, Zeugnisformularen und Unfallmeldungen und eigenem
Stress am Arbeitsplatz versteckt hat.

Wer von meinen Kollegen könnte schon in einem Vorzimmer
arbeiten, ständig kann die Tür aufgehen, ständig kann das Telefon
klingen. Und beides geschieht ständig. Andauernd geht eine der
beiden Türen auf. Beinahe ununterbrochen ist jemand am Apparat, der Kontakt mit unserer Schule über das Telefon aufnimmt.

Fast immer ein Mensch da, der eine Frage stellt. Nie eine richtige Pause, nur viele kleine Momente, in denen die Situation schnell umklappen kann und oft genug wirklich umklappt.

Gelächter aus dem Kreis der Kollegen: über Metins Streich und die gelungene (pädagogische) Reaktion der Sekretärin. So sollte Schule sein, ein Spaßvergnügen für alle Seiten. Aber für Metin ist es sicher kein Spaß, Frau Krause einen guten Morgen zu wünschen – wie vereinbart. Metins Klassenlehrerin schüttelt nachdenklich ihren Kopf. Was soll aus dem Jungen noch werden. Der Nachwuchsboxer Metin sagte einmal, er habe seit irgendeinem schweren Boxkampf mit dem Stottern angefangen. Habe auch schon mal ohnmächtig mehrere Stunden nach einem Kampf gelegen. Aber der Sport gehe weiter. Ein Berliner Boxermeister gibt nicht so schnell auf... Und was der Durchhalteparolen aus so einem Mund noch mehr sein konnten. Metins Klassenlehrerin sagt: „Jetzt fängt er noch das Schwänzen an, abgesehen von den Fehlzeiten für den Sport!" Die Ausssage ist für alle auch ohne deutlicheres Benennen der Konsequenzen klar. Absinken der Zensuren in allen Fächern, Gefährdung der Versetzung, Nichtversetzen, Klasse wiederholen oder Schulabgang bei erfüllter Schulzeit bzw. Übergang zu BB 10, berufsbefähigende Lehrgänge.

Ich sehe die Meier, wie sie sich intensiv mit Kollegen Korschnick unterhält. So schöne Augen hat sie mir lange nicht mehr gemacht, muß ich neidlos feststellen. Im Laufe des Gesprächsausschnitts, den ich mitbekomme, während die Krausen Metins Anruf darstellt (wie so häufig laufen um mich mehrere Filme ab, die ich ineinander verschachtelt verfolgen muß, um hinterher mehr zu wissen), wird mir klar, daß sie seine Unterstützung in einer nicht näher erwähnten Angelegenheit benötigt. Deshalb die schönen Augen. Na warte, Schlange. Zu mir ist sie genauso. Nur immer unwiderstehlich lieb-weiblich, wenn es für sie um etwas geht. Sonst Sendepause und Funkstille. Die anderen werden Luft. Ich treffe die Meiern also wieder beim Ausnutzen männlicher Schwächen an. Jetzt geht in mir ein Overheadprojektor an! Und ich schwöre: mit mir nicht mehr!

Am Fotokopierer, heute ist die Besatzung der Realschule nicht da, ebenso nicht unser Kopierschüler (Verschwörung?) ärgere ich mich zum eintausendundsiebzehnten Mal, daß es irgendeine unachtsame Schlampe (ja, Schlampe nenne ich das!) mit ihrem Diamantring auf der Auflagescheibe des Kopierers Spuren hinterlassen hat. So eine Ziege würde ich bei mir zu Hause mit Ring Gläser abwaschen lassen, bis die Finger bluten. So eine Unverschämtheit. Seit Jahren kopiere ich in meine Fotokopien Dreck hinein, der von einer Hand mit einem Finger mit einem Diamantring stammt. Regelrecht zerkratzt ist diese Stelle auf dem Glas, also kein Unfall, mitnichten, Mutwillen! Die Schlampe ist kein Mann, soviel steht fest. Kein Lehrer trägt hier so einen Ring. Könnte natürlich auch von der Realschule sein, dort kenne ich die Verhältnisse nicht so genau.

Im Lehrerzimmer, der tote Briefkasten noch leer. Heute ist Posttag, nach dem Doppelblock wird etwas darin liegen, dessen bin ich sicher. Ich bekomme an jedem der Posttage Post.

Im Gespräch wende ich meine Augen nur selten zur Tür, aber heute sitze ich mit Blick zur Tür und kann so erleben, wie mein Chef hereinkommt. Wie üblich morgens kurz vor acht. Entweder er kommt mit der Präzison einer Mutteruhr, oder er kommt gar nicht, dienstlich verhindert drüben im Amtszimmer oder im Schulamt oder wo, dienstlich, versteht sich. Selten, das heißt: nie krank. Insgeheim, so glaube ich, braucht er diesen Auftritt wie der Inspizient eines großen Welttheaters. Schauen, wer da ist. Sicher wichtiger, wer nicht da ist. Alle Mann/Frau'n an Bord, auf unserer Galeere? Gleich kommt der Gleichtakt... Das Synchronsierungssignal der Glocke. Kleinigkeiten regeln; sich ins Gesichtfeld bringen. Alle mit Handschlag begrüßen, ich finde das sehr anstrengend, machmal, wenn ich nicht gut drauf bin, denke ich, es sei unhygienisch, aber es ist sicher gut und deutsch. Muß mal bei Engländers, Schwedens oder Amerikaners fragen, ob ihnen das deutsche Händeschütteln nicht auf den Geist geht. Big Chief is watching you, alles im Gleiten halten, was nicht im Laufen ist. Stillstand ist hier tödlich. Er verbreitet Fröhlichkeit, Zusammenhalt und Schulleben, wenn er durch die lichten Reihen geht. Für jeden ein gutes Wort; Gemeinheiten laut oder leise zu sagen, ziemt sich in seiner Position nicht. Auch wenn ihm der Kragen klemmt und eigentlich am Platzen ist. Ich möchte heute wieder nicht in seiner Haut stecken oder mit ihm den Stuhl tauschen. Manchmal weiß ich wirklich nicht, woher der Mann die Contenance nimmt, während ich, mich an seine Stelle denkend, manchmal mit beiden Fäusten auf den Tisch schlagen müßte, um meine Gefühle eindeutig auszudrücken. Letztenendes muß jeder hier wissen, soviel Pädagogik, Psychologie und Physiologie hat hier jeder drauf, daß man eine gemachte Zeche bezahlen muß. Früher oder später, das ist hier die alles entscheidende Frage.

Er wahrscheinlich mittendrin, denn soviel Dampf haben kann keiner, der Zigaretten raucht, um nach diesem Spiel als lachender Sieger für Jahre in Pension zu gehen. Sein Herzinfarkt ist programmiert. Arme Familie. Und das um den Preis der Leitung einer Schule. An seinem Grab wird es ihm keiner danken, die Kollegen so und die Schule so geführt zu haben.

Und dann der jähe Wendepunkt, angekündigt durch das zweite Läuten. Wenige Sekunden hinterher, die letzten Sätze mit den Gesprächspartnern gerade noch so höflich zu Ende bringend, ohne dabei in Eile zu kommen, jedenfalls hört es sich so an. Der Satz, dieser Satz:

„Und ich bitte dann anzufangen."

Welche Welten sind in diesem Satz verborgen! Und mögen es für Außenstehende auch bleiben. Aber dieser Satz, schon vom Vorgänger so gesprochen, mit keiner Silbe ergänzt oder verändert, wieder und wieder an derselben Stelle morgendlich oder im Lauf des Tages an den Nahtstellen unserer Institution wiederholt, wirkt bei mir wie ein Stoßen an immerderselben Stelle. Am Knie zum Beispiel, weil das Tischbein dort eine Verzierung hat, die wegzuschneiden nie Gelegenheit oder wirklicher Wunsch war.

Die Pausengespräche der Kollegen verstummen damit nicht. Nur einige wenige, die der Chef an der kurzen Leine hat, geben Fersengeld, packen und raffen etwas zusammen, was sie zuvor auf der begrenzten Tischfläche ausgebreitet haben. Geben sich die Klinke in die Hand. Die, die sich eine lange oder längere Leine ausbedungen haben, einfach weil ihr Stand im Kollegium und zum Chef mehr Selbständigkeit im Handeln augenscheinlich machen muß, lassen es geruhsamer angehen. Sie wissen, daß sie vor denen im Unterricht sind, die scheinbar pünktlich abgezogen sind. Es sind die, die die Zwischenstationen in den Stockwerken ausschlagen, keine Kollegengespräche in Nischen oder offen auf der Treppe führen.

Endlich ist der Sachstand erreicht, den der Chef herbeireden wollte. Pünktlicher Dienstbeginn. Ein leeres Lehrerzimmer morgens, denn es kommt niemand, der noch ausschlafen oder etwas für sich tun könnte, freiwillig zu acht Uhr, nur um die Kollegen abziehen zu sehen. Mittags sieht das anders aus. Die von einer oder mehreren Springstunden Beglückten sitzen weiter herum, scheinbar zwanglos im Gespräch, als habe es die menschenerfüllte Umgebung nicht gegeben, als wäre Menschenleere Standard. An manchen Tagen fragt der Chef nach, ob jemand wirklich nicht müsse... Aber das bleibt Ausnahme. Nur manchmal habe ich ihn kurz nach Stundenbeginn mit einer Hand am Plan gesehen, irgendetwas nachschauen, Unverständliches dabei in seinen schütteren Bart brummelnd. Ansonsten glatt rasiert. Und wenn alles gut läuft: nicht mit dem Schlüsselbund rasselnd.

Eine bestimmte Ecke im Lehrerzimmer ist heute zur ersten Pause besetzt, genauer gesagt: ausgefüllt. Den anderen den Rücken zugekehrt, auf eine freundliche Begrüßung eine unverständliche Wortfolge zurücksendend, das war eindeutig Malinowski, unser Kurlauber. Die Ärzte mußten einen nicht zu bändigenden Willen haben, diesen kranken Menschen in ein Muster menschlicher Leistungsfähigkeit zu verwandeln oder ihn lehrbuchmäßig umzukrempeln. Sechs Wochen Kur und die Verlängerungen hatten seinen Ruf bei den Kollegen ins Unermeßliche gesteigert. Ins Negative. Malinowskis Vertretung wurde Sache aller Kollegen.

Aus Gründen, die niemand von uns genau wußte, hatte er zu fressen angefangen. War daraufhin auseinander gegangen wie ein Hefekuchen. Konnte den Alkohol nicht sein lassen, wohl aus Kummer über die Scheidung von seiner Frau. Hatte jetzt ein ausgiebiges körperliches Leiden erworben, dokumentiert in zahlreichen Untersuchungen und der jetzt mehrfach verlängerten Kur. Einige Stimmen im Kollegium empfahlen, sich auf Frührente zurückzuziehen. In seiner Gegenwart wurde dieses Thema bisher nie laut verhandelt. Einige fingen an, Bögen um ihn zu machen. Er machte nie ein Hehl daraus, daß er nicht besonders beliebt sein wollte. War barsch, wurde barsch behandelt, aß mehr als andere, warf denen, wie er betonte, aber ihre Magersucht nicht vor. Welch feinsinnige Logik!

Nun sitzt Malinowski wie immer an seinem Stammplatz im Lehrerzimmer, in sich zurückgezogen, wie es seine Art mit sich brachte. Er packt etwas aus, mit dem er sich gründlich beschäftigt. Zwei Bananen. Und eine große Stulle. „Was treibt dich denn her, altes Haus? Aber dünn biste geworden!" Nach und nach kommen die Kollegen zur Pause und machen ihre Sprüche. „Endlich wieder frisches Blut im Lehrerzimmer! Mensch, Malinowski, wo kommst du denn her? Und wir dachten, du kommst nicht mehr!"

„Schulfremde Person!" ruft jemand, „Wer ist denn das? Ach Malinowski, altes Haus, haben 'se dich wieder 'rausjelassen?"

Malinowski reagiert nicht wie üblich mit Grobheiten, ist sehr kommod, packt eine weitere Stulle aus, eine Riesenstulle mit Schinken drauf und Gurke, nicht zu knapp, und ißt mit einer Ruhe, an der wir lange nicht Anteil nehmen durften.

In der Anfangszeit ist Malinowski, unter anderen, mein Lehrmeister gewesen, derjenige, der mich in dieses Geschäft eingeführt hat. Früher dynamisch und schlank (oder schlanker), heute träge und fett, ein Wrack. Ich setze mich zu ihm und beginne das kleine Pausengespräch. Malinowski schaut wenig hoch, verspeist weiterhin Mitgebrachtes und legt in wenigen Sätze sein weiteres Leben und die erlebte Kur klar, indem er zunächst mehr von den Schattenseiten der Kur spricht: wenig Kalorien – „und eine Frau, so süß, da kannst du dir kein Bild davon machen. Kommt aus Berlin. Zufällig. Sekretärin, hat sie gesagt. Ich werde sie nächste Woche hier wiedersehen. Sie hat dann auch Kurende." Malinowski malt Linien mit beiden Händen in die Luft und rollt mit den Augen, läßt kurzzeitig von der Stulle ab. Aha, denke ich, typische Schattenseite einer Kur. Der Kurschatten und die Trennung. Bei »süß« stelle ich mir eine Frau mit Zöpfen vor... und komme beim Anblick von Malinowskis zweitem Frühstück und Hören seines Berichts selbst ins Schwärmen Ich stelle mir vor, wie Malinowski mit seiner Freundin Lambada tanzt.

Malinowski kramt in seiner Tasche. Ein Joghurt holt er hervor und seinen silbernen Löffel, wischt den sauberen Löffel umständlich gründlich ab und öffnet das Joghurt. Flucht laut. Die Umsitzenden zucken bei der Lautstärke leicht. Sie sind Malinowski nicht mehr gewohnt. Eine Institution, die stumpf wird. Empfindliche Gemüter drehen sich kurz um und rümpfen dann genußlos die Nase, als hätten sie eine Prise toten Fisch genommen. Die Aluminiumfolie des Deckels ist halb mit Joghurt bedeckt. Schräglage beim Transport. Eigentlich normal, denke ich. Verschimmelt? „Daß sie mein Patent immer noch nicht anwenden..." läßt Malinowski verlauten. Ich erinnere mich an meine Ausbildungszeit. Von nichts anderem konnte Malinowski ausgiebiger schwärmen als von »seinem« Patent. Einem Patent für die »Nicht-verpackungsbenetzende Verpackung von Joghurt aller Fett- und Geschmacksstufen« mit anderen Worten ausgedrückt: Ein Malinowski-Patentjoghurt würde nicht am Deckel und nicht am Becher haften bleiben. Geschmacksneutral und nicht gesundheitsschädlich, wie er immer wieder versichert hat. Man bekommt aus einem solchen Joghurtbehälter viel mehr viel schneller heraus. Also mehrfacher Genuß und Gewinn. Immer noch nicht verwendet, sein Patent. Mit der Gründlichkeit eines Ziegenbocks schabt er jetzt am Joghurtdeckel, um anschließend am kaum gefüllten Löffel zu intensiv zu lecken.

„Einmal im Leben", hatte er mir immer wieder aus seiner Schulzeit berichtet, „müssen Sie eine große Sache erfinden", habe sein Französischlehrer nicht nachgelassen zu fordern. „Die Erfindung des Reißverschlusses, zum Beispiel. Unscheinbar. Gering. Aber millionenfach gebaut." Malinowskis große Erfindung – allerdings ohne Resonanz – war das Joghurtpatent.

„Was gibt's Neues, in dem Saftladen hier?" fragt Malinowski. „Daß Malinowski wieder da ist!" antworte ich trocken, und setze einige Ereignisse der letzten Vergangenheit hinzu. Der und der habe den Segelschein bekommen für besonders gelungene Frechheiten (gemeint war »von der Schule geflogen«). Frau Zumsel habe den verdienten Schwangerschaftsurlaub angetreten. Eine andere Kollegin habe einen gesunden Jungen entbunden, bloß mit der Namenswahl für den Kleinen seinen die meisten nicht einverstanden. »Silvester« sei einfach kein Vorname zu »Grünschnabel«. Zu Silvester kann er nicht gezeugt worden sein, also falle auch diese simple Erklärung weg, zu Silvester sei er nicht geboren worden. „Man kann ein Kind auch mit einem Vornamen erschlagen", meint Malinowski. „Was will die Grünschnabel mit dem Balg, ist doch selbst noch ein Kind?" Mir ist erinnerlich, daß die Grünschnabel über dreißig ist. Frau Losseck habe gekündigt. Beruf verfehlt. Habe der Seminarleiter gesagt. Malinowski kennt diese Kollegin nicht einmal.

„Der Kurschatten", sagt Malinowski, „eine Seele von Mensch. Ich kann es kaum erwarten, sie nächste Wochen sehen zu dürfen! Bis dahin werde ich mich schonen, Dienst nach Vorschrift, so wenig Aufregung wie möglich. Außerdem", er zieht mich zu sich heran, „werde ich die Pensionierung einreichen, man kann ja nie wissen. Aber sag' es nicht weiter, die anderen brauchen das nicht zu wissen. Die werden sich noch früh genug freuen, daß sie mich los sind!"

Ich schweige. Wie soll ich meinem alten Mentor erklären, wie er von den anderen Kollegen gesehen wird, als Ballast, als selbstverschuldeter Kranker, als Drückeberger schlimmster Sorte. „Auf Selbstverstümmelung steht...", hatte ein Alter geäußert. „Ab einem gewissen Ausfallgrad soll man aufhören, er hat doch genug nachweisbare Beschwerden." – „Soll nicht den anderen zur Last fallen, die müssen ihn doch vertreten, der Chef bekommt solange keinen dauerhaften Ersatz für ihn, wie Malinowski noch so tut, als würde es so wie früher werden können." – „Er hat Jahr um Jahr seinen Dienst getan, wollt ihr es ihm so danken?"- „Denkt daran, daß er krank ist und leidet, und die Schüler leiden auch!" – „Ihm geht's doch nur um die Höhe der Pension. Kann auf die paar Ficksechser weniger nicht verzichten!" Harter Toback. Hinter Malinowskis breitem Rücken.

Mir fällt ein Tag ein, der es in sich gehabt hatte. Zwei Stunden regulärer Unterricht für mich – es wurden sieben. Die schnelle Nachricht von Frau Krause, sofort den Unterricht abbrechen und zur Hilfe eilen, Beaufsichtigung der Klasse dem Kollegen der Nebenklasse übertragen. Im Amtszimmer schnelle Einweisung durch den Chef. Der Graumann habe wieder seine »fünf Minuten«. Also wir los, ins Klassenzimmer, wo Graumann jetzt unterrichtete. Graumann, etwa fünfundfünfzig, schlank, fast abgezehrt, schlohweißes Haar, immer korrekt gekleidet, fast häufiger im Anzug als der Chef, hatte wieder einen seiner in immer kürzeren Abständen einsetzten Anfälle.

Wir rannten in den Graumannschen Klassenraum im zweiten Stock – lauschten an der Tür. Fast Ruhe. Graumann sprach, als lese er einen längeren Text vor. Der Chef öffnete langsam die Tür. Die Schüler erstarrt. Graumann stand vor dem Kartenständer, wandte uns und der Klasse den Rücken zu, rezitierte irgendein Drama, das ich nicht kannte, und zog sich aus.

Der Kartenständer trug bereits den Anzug und sein Oberhemd. Graumann stand in Unterhose, die Hand am Unterhemd. „Gerade noch zur rechten Zeit, auf den Vertrauensschüler ist Verlaß!" Mit vorsichtigen, beruhigenden Worten, wie man zu einem Psychopathen spricht, näherte sich der Chef Graumann, redete ihn mit Namen an, bat ihn für ein Telefonat ins Amtszimmer. Graumann hörte nicht. Graumann sah nicht. Graumann machte weiter.

Mit sanfter Gewalt hielten wir ihn davon ab, die Unterhose herabzulassen und zwangen ihn sanft, teils durch Einreden, teils durch Handführen, eine Hand an seiner Unterhose mit der anderen seine Hand festhaltend, uns zu folgen.

Der Chef ließ den Vertrauensschüler Graumanns Klamotten ins Amtszimmer bringen. Mich schickte der Chef in die verwaiste Klasse, Hinweis, die Situation pädagogisch auffangen, herausbekommen, was vorher gelaufen sei, den Schülern eine plausible Erklärung geben. „Ich weiß auch nicht, was man da macht!" rief mir der Chef noch nach.

So ehrlich-menschlich hatte ich meinen Chef einfach gern. Im Klassenraum waren die Schüler noch wie benommen, apathisch. Langsam tauten sie auf. Schilderten mir einen an sich normalen, üblichen Unterrichtsablauf, bis plötzlich Graumann den Kleiderständer entdeckt und begonnen habe, sich auszuziehen. Kartenständer, verbesserte ich. Nein, Kleiderständer, habe er mehrfach gesagt. Ich wußte nicht, ob dieser kleine Unterschied eine Bedeutung bei der psychologischen Bearbeitung des Gesamtzusammenhanges haben würde, aber ich schrieb mir den Kernsatz auf. Dann Deutschunterricht in dieser Klasse zur Vertretung in leichtester Gangart. Dann Physik, zwei Stunden. In der Pause wurde mir erklärt, daß man in dieser Situation die Schüler nicht einfach nach Hause entlassen könne, von wegen mit »Unverarbeitetem alleinlassen«.

Zwei im Vertrauen angesprochene Schülerinnen sagten mir, daß das heute auf sie gar keinen Eindruck gemacht hätte. Graumann habe, so die beiden Schülerinnen übereinstimmend, schon des öfteren alles ausgezogen, den Unterricht in einer Badehose abgehalten und die Finger in seinem krausen Brusthaar mit Löckchendrehen beschäftigt.

Verblüfft und völlig ratlos habe ich dann das Amtszimmer aufgesucht, Graumann war längst weg, eingeliefert in eine Nervenheilanstalt zur Beobachtung. Stillschweigen gegenüber den Kollegen und den Schülern vereinbart. Man könne nicht wissen, was da noch hinterherkomme. „Kennen Sie nicht die Geschichte der Kollegin, die mehrfach in BH und Slip unterrichtet hatte, den Schülern (wahrscheinlich männlich) hatte das wohl Laune gemacht, bis daß sie eines Tages so leicht bekleidet vor dem Lehrerzimmer gestanden hatte, ohne Schlüssel. Psychomacke. Ganz schnelle Dienstunfähigkeitsbescheinigung. Frühpensionierung. Aber Privatklagen gegen den Schulleiter der Schule von seiten der Familie, mangelnde Sorgfaltspflicht gegenüber einer Untergebenen. Wenn Graumanns Familie nun auch... und deshalb habe ich Sie als Zeugen gebraucht!“ – „Und als Vertretung“, fügte ich mit einem verzogenen Gesicht hinzu. „Wird ja bezahlt werden“, lenkte der Chef ein. „Sonderfall, Notfall. Sie kommen doch am besten mit der Klasse aus!“ Den Schmus liebe ich nicht!

Übrigens, von Graumann war nie wieder etwas zu hören. Kein ordentlicher Abschied mit einer Feier, kein weiteres Wort über die Entwicklung seiner Krankheit. Wie eine Karteikarte, die man entnimmt, sogfältig knickt und in den Müll fallen läßt. Ich schweige, aber ich denke über diese Möglichkeiten der Frühpensionierung nach. Andere Kollegen reden von Alkohol und Tabletten in wechselnden Mischungen, um sich dienstunfähig zu »beamen«. Und jetzt Malinowski. Sollte er den einfachen Weg der Frühpensionierung gehen können? Ohne Psychomacke? Mit Feier? Mit Bescheinigung des Amtsarztes durch einen ordentlichen Termin?

Ich erzähle Malinowski noch die für mich bewegendsten Ereignisse der letzten Zeit, den Schulrat im Gebüsch und etwas über die besprayte Turnhalle. Verrate mich natürlich nicht, obwohl er mein Mentor war und ich ihm vertrauen könnte. Malinowski beginnt während des Weiteressens zu lachen, daß er sich verschluckt und kaum noch Luft hat. „So einen köstlichen Blödsinn habe ich noch nie gehört“, lacht er. „Wenn ich nicht so krank wäre, hätte ich noch anderes gesprayt!“

Ich merke, wie mir das Gesicht heiß wird, rot wahrscheinlich auch. Mensch, Malinowski, nicht so laut, denke ich. Du wärst der

Richtige für das Ausbosseln des Spruches gewesen, wenn du doch bloß was von der Pension hast!

Im Fach eine Ereigniskarte: Routineüberprüfung am soundsovielten. Mit der Schulrätin. Ich nehme den Termin zur Kenntnis.

XIII

Sonnabend Morgen. – Neun Uhr. Ungeduldig läutet das Telefon, gibt keine Ruhe, als bis es meine Frau und mich wach hat, ich es durch Abheben von der Gabel stillege. „Ja", spreche ich verschlafen in die Muschel. Vom anderen Leitungsende ein Versuch der Entschuldigung. Aber wichtige Angelegenheit. Ob ich kommen könne? – Stichwort? – Drogen, Sex und Schule. – Bis gleich! – Ich verstehe nur: Klumpen.

Meiner Frau muß ich in Stichworten einiges erklären, was ich selbst nur assoziativ begriffen habe. Meine Kollegin Regina ist am Apparat, die Klassenlehrerin meiner Deutschklasse. Ich verzichte auf ein Frühstück, frühstücke meine Frau mit einem knappen Abschiedskuß ab und bin »on the road«.

Bei meiner Kollegin werde ich längst erwartet und sofort ins Wohnzimmer geführt. „Du wirst fragen, weshalb so eilig, weshalb es dringend ist, aber ich kann alles erklären!"

Und dann sitzen wir auf dem Sofa, reden nur halblaut, weil ihr Freund und *ein corpus delicti* noch schlafen würden. Ich verstehe eine zeitlang nur immer »Schnellbahn«.

„Gestern bin ich auf dem Kurfürstendamm zum Abendbummel mit Bernd gewesen. Prächtige Auslagen der Geschäfte, prächtige Blumen. Und auch der größte Touristenrummel. Ich gehe also mit Bernd, ahne noch nichts Böses. Bernd weist mich darauf hin, welche hübschen jungen Mädchen nichtstuend, außer herumstehend, die Straße bevölkern, verstärkt an den gläsernen Ausstellungsvitrinen der Geschäfte lehnen. Ich schaue auch näher hin. Ich sehe es auch, daß die Mädchen äußerst jung und überaus attraktiv sind. Soweit, so gut. Ein paar Straßenkreuzungen weiter treffe ich unsere Kerstin. Ja, die Kerstin aus der vierten Reihe, Fenster, meiner

Klasse. Kerstin Seifert. Steht da, fein herausgeputzt. Sieht wirklich gut aus, daß ich Bernd festhalten muß." (Regina lächelt mit herabgesenktem Blick. Was bewirkt die seltsame Weichheit – an dieser Stelle des Berichts?) „Knackenge rote Hose, helle enge Bluse." Eine Frau, denke ich, und sei es eine sehr junge, kann angezogen sehr nackt sein. „Sie spricht da mit einem Westdeutschen. Es ist deutlich zu hören." Nun sieht sie mich groß an, und ich kann in ihren Augen lesen, was wir am Tisch im Lehrerzimmer – mit und ohne Kaffee – so häufig besprochen haben. Was tun wir, wenn wir ein Mädchen oder einen Jungen beim eindeutigen Verkaufen des Körpers antreffen sollten. Hier war jetzt der Abend, oder besser die Nacht, des Handelns. – „Der Abend mit Bernd war natürlich gelaufen!" Ich verstehe, welche Gefühle am Rasen waren. „Ich habe nicht gezögert, ich habe mich eingemischt. Der Mann war nicht das Problem, ihm war schnell klar, daß die Hübsche ihre achtzehn Lenze nicht beisammen hatte, also Ärger ins Haus stand. Nur unsere schöne Kerstin, die wollte nicht so recht. Ich hätte ihr das Geschäft vermasselt, und sie bräuchte das Geld." – „Wofür", werfe ich jetzt ein, „für Klamotten, einen Cassettenrecorder, Stoff?" – „Dope!" ist die einsilbige Antwort. In mir laufen einige Filme ab. Ich sehe unsere Schüler vor mir, tun alles Mögliche, um an Stoff ranzukommen, und wenn sie tief drin sind, Einbruch, Diebstahl, Raub, Prostitution, abhängig vom Stoff, müssen die anderen alles tun, damit sie nicht ihr junges Leben an dieser Stelle aufgeben.

„Und was jetzt?" frage ich langsam, noch in einem meiner Filme gefangen.

„Sie schläft noch nebenan im Gästebett. Deshalb habe ich dich so früh angerufen und geholt. Gestern nacht war es für einen Anruf schon zu spät. Wir müssen einen Schlachtplan machen!"

Ich habe ein Gefühl, als gingen mir die Schnürsenkel auf, meine Nackenhaare stellen sich steil auf. »Miami Vice« im Wohnzimmer! Vor meinem geistigen Auge verschiebe ich Symbole für Jugendamt, Drogenhilfe, Polizei, Nutten, Zuhälter, Eltern, Lehrer, Schule, Kerstin. Eine Rolltreppe, die unaufhörlich abwärts läuft. Und kein Nothaltknopf in Sicht! Ich schiebe hin und her und suche eine passende Anfangskonstellation zu finden. Den Startpunkt, von dem aus wir beide, die Klassenlehrerin und ich, handeln können.

In Gedanken denke ich an die Kinder vom Zoobahnhof. Nur die

Kollegin und ich stehen heute in erster Linie. Wie schön, daß das ganze Wochenende noch vor uns liegt! Der Freund meiner Kollegin kommt im Pyjama aus dem Schlafzimmer, ein Bär, mit dem ich nicht ringen möchte, gähnt, schaut nur herum und stellt keine Fragen, macht sich in der Küche zu schaffen und bald riecht es nach frischem Kaffee. Mich sieht der gar nicht. Wir beginnen zu frühstücken. Das zähe Gespräch kreist um das eine Thema: die Schülerin im Nebenzimmer. Bernd frühstückt nur und schweigt. „Darfst du sie denn so einfach mitnehmen?" Abwendung einer direkten Gefährdung, keine andere zumutbare Lösung, Problem durch Heranziehung der Polizei nicht eskalieren, kleine Lösung suchen, zunächst. Im Gespräch räumt Regina ein, daß ein Großteil ihrer Aussagen über Kerstins Prostitutionsmotivation ihrer Sicht der Dinge entspringt. Kerstin habe immer nur gesagt, sie wolle sich teure Klamotten kaufen, wie sie gerade modern seien. „Aber ich habe an ihren Armen rote Stellen gesehen!" sagt Regina mir bedeutungsvoll langsam. „Und dann der ständige »Schlafzimmerblick«" ergänze ich. „Und das Schminken."

Langsam öffnete sich die Tür, hinter der Kerstin geschlafen hat. Auch gelauscht? Sie reibt sich so ausgiebig die Augen, als müsse sie das Gelauschthaben vertuschen.

Ich werfe Regina einen langen Blick zu. Lehrergespräch still, aber nachhaltig. Pokern um eine große Summe. Keine guten Karten in der Hand. Bluffen. Kerstin setzt sich, in Unterwäsche, wie sie geschlafen hat, zu uns an den Tisch. Bernd bringt frischen Kaffee „Morgen, Herr Kurz", sagt sie mit dünnem Stimmchen und schweigt, starrt auf die Tasse mit dampfendem Kaffee, starrt auf das Milchkännchen, so immer langsam hin und her, unentschlossen, ob sie überhaupt etwas essen oder trinken wolle. Meine Katze hat auch keinen Morgenappetit, und wenn ich nicht zu ihr rede und sie streichle, passiert da gar nichts. Kerstin räkelt sich, unangezogen zwischen den Erwachsenen, fühlt sich offensichtlich nicht leicht in ihrer Haut. Ich sehe zu ihr herüber und will »die roten Stellen« sehen. Unbeteiligte hätten meinen können, ich würde das Weibliche unter der dünnen Bekleidung suchen. Dabei suche ich das Menschliche. Ich finde aber die bezeichneten roten Stellen nicht und beschließe zu warten, bis ich die Unterarme besser sehen könne.

Frühstücken, das mußte das Eis brechen! Und viel reden. Nein,

Frühstücken, das mußte das Eis brechen! Und viel reden. Nein, besser: das Richtige! „Kerstin, willst du vom Fleische fallen, iß mal, frühstücke", sagte ich, ohne darauf Bezug zu nehmen, was ich am Fühstückstisch meiner Kollegin zu suchen hätte. Bernd verabschiedet sich. Er hat in dieser Konstellation keine Bedeutung. Ein Außenstehender, der nach unseren Maßnahmen wieder nur die Stirn kraus machen wird. Allmählich kommt Bewegung in Kerstin, Hunger! Ruhig und bestimmt beginnen Regina und ich ein vorsichtiges Gespräch. Ich lobe die selbstgemachte Marmelade und lasse die Vollkornbrötchen knacken. Was denn gewesen wäre, gestern nacht, warum denn das, wozu denn das? Kerstin gibt zurück, daß sie das mal probieren wollte, das erste Mal, Geld wäre vonnöten für Klamotten für irgendeine geile Fete, nein, mit Drogen wolle sie nichts zu tun haben.

Als das Gespräch zäh wird, es klumpt, wir rühren; es klumpt, wir rühren; mache ich den Vorschlag, spazieren zu gehen, meine Frühstückspartnerinnen willigen gern ein. Als Kerstin vom Tisch aufsteht, ergreife ich ihre beiden Hände, drehe sie ein wenig und ziehe sie so, daß ich einen Augenblick ihre Unterarme sehen kann, und sage ihr, daß sie mir wichtig wäre und daß ich sie nicht verlieren möchte. Beschämt schaut Kerstin auf den Teppich.

Kerstin geht sich anziehen, Regina geht nach wenigen Momenten hinterher, frische Unterwäsche bringen, aber ich weiß, sie will den Spritzenverdacht abklären, die Schülerin mal ein bißchen ausgiebiger am Fleische besehen. Einständnis. Außerdem braucht Kerstin andere Bekleidung. Mit dem arschengen roten Tricot und dem hellen Spannbrustpullover möchten wir mit ihr nicht außer Haus.

Nach zehn Minuten Autofahrt sind wir in einem großen Parkgelände, soweit von der Schule und ihrem Einzugsbereich entfernt, daß es unwahrscheinlich ist, daß wir hier einen treffen, der uns kennt.

Und das Laufen löst Kerstins Zunge. Geschichten aus ihrem Familienleben werden erzählt, teilweise so intim, daß mir als Mensch und als Mann und als Lehrer die Ohren klingeln. Und Wassergetier bringt Abwechslung. Enten und Entenkinder. Schwäne. Klumpen lösen sich in mehr Wasser schneller auf, alte Regel übrigens.

Eine ihrer älteren Schwestern sei schon als Vierjährige vom Stiefvater Nummer eins mißbraucht worden. Ab vierzehn dann im Ehebett, mit Duldung der schwachen Mutter. Stiefvater Nummer zwei habe es ähnlich gehalten. Sie, Kerstin, wäre in Ruhe gelassen worden, weil sie sich einmal bis aufs Messer gewehrt habe. Schläge hätten immer eine Rolle gespielt. Der neue Freund ihrer Mutter sei o.k., der belästige keine. Und Kerstin jetzt auf dem Strich – denke ich – wie paßt das alles zusammen? Wir müssen vorsichtig sein, die Erzählungen abklopfen, andere Informanten hinzuziehen, um am Ende nicht mit einem aufgebundenen Zootier zu erwachen.

Als wir Kerstin ins Gebüsch entlassen – der ungewohnte Kaffee – sagt mir Regina, daß sie keine Nadeleinstiche gefunden habe. Die roten Stellen seien Kratzstellen gewesen. Wir stimmen uns kurz ab, wie es weitergehen soll. Wir beschließen, daß ich bei Kerstins Mutter vorbeifahre, weil die Familie kein Telefon hat. Wir wundern uns, daß uns Kerstin nicht schon längst verlassen möchte, sondern bei uns ausharrt wie ein liebes Kind. Liebeskind. Ich bringe die beiden wieder mit dem Auto nach Hause. Wir verbleiben so, daß Kerstin den Tag bei Regina bleibt, den Sonntag bei mir verbringt, abends bei Regina schläft und montags mit ihr zur Schule kommt. Montag dann alles Weitere.

Ich fahre bei Kerstins Mutter vorbei. Das Haus ist neben einem Ruinengrundstück leicht zu finden. Altbau. Zweiter Hinterhof. Eigentlich eine Ruine. Fünfzig Jahre nach Kriegsbeginn. Weshalb, so frage ich mich, haben die Bomben das übriggelassen? Weshalb haben die Menschen das nicht abgerissen und neu wieder aufgebaut, sondern als Teilruine belassen? Nach einiger Zwiesprache mit dem »Stillen Portier« bei unzureichendem Licht habe ich mein Ziel in dem Wohnungsmeer von Kleinwohnungen geortet. Einige Treppen höher ist ein kleines Abenteuer bestanden: lose Treppenstufen. Klingle dort, wo ich die Wohnung vermute und den Namen dünn geschrieben auf einem Fetzen lese. Den Namen eines Mannes. Karl Seifert. Weshalb schreibt die Frau nicht ihren Namen an die Tür, wenn es einen Kerl dieses Namens schon nicht mehr gibt? Klingeln geht nicht, das heißt, ich muß klopfen. Die Klingel hat ihren Dienst wohl seit längerer Zeit quittiert. Die Wohnungstür sieht sehr mitgenommen aus, als würde sie häufig mit dem Fuß geöffnet worden sein. Speziell die leichten Füllungen heben sich farblich ab und sehen aus wie häufig ersetzt. Die Wohnung neben- an ist mit einem Vorhängeschloß gesichert. Das erscheint mir für Besucher günstig, die sofort die Sinnlosigkeit ihres Besuches sehen – oder für Einbrecher, daß die Zeit gerade bestens ist. Der Fußbo- den im Treppenhaus knarrt laut, dort, wo ich stehe. Die Wände sind mit Sprüchen, angefertigt mit allen möglichen künstlerischen Techniken, verziert.

Eine in meinen Augen ältere Frau öffnet. Sie hat eine Gesichts- farbe, blaßweiß bis gelbgrau. Ist es nur das Licht? Die Haut faltig wie die eines Luftballons, dem die Luft längst ausgegangen ist. Das Haar ist unbearbeitet, ungebändigt. Verlebt. Kommt rauchend an die Tür. Ja, sie sei Kerstins Mutter. Kerstins Fehlen wäre schon registriert, (Aha!) aber das komme bei sechs Kindern häufiger vor. Ich höre eine Nachtigall trapsen. Nein, keine Gedanken gemacht. Nein, keine besonderen Beobachtungen, keine Verhaltensände- rungen bei Kerstin registriert. Schminken – nicht gesehen. Sie besitze ja keine Schminke.– Zwischen unseren Worten immer wie- der Kinderschreien, kleiner Streit aus dem Hintergrund der Woh- nung. Ein Fernseher quatscht mit Szenen aus einer völlig anderen, aber heilen oder geheilten oder heillosen Welt, dazwischen. Einige Male kommen kleine Kinder und halten sich für Sekunden am Rock der Frau, mit der ich spreche, fest, einen Finger im Mund, sehen mich groß an mit nach hinten gelegtem Kopf, als hätten sie lange keinen Mann gesehen, sagen nichts und rennen wieder zurück in die Tiefe der Wohnung. Wir stehen im schütter beleuch- teten Wohnungsflur, die Tür zum Treppenflur knapp herangezo- gen. Ein Kerl ist weit und breit nicht vernehmlich. Es riecht im Korridor nach dem warmen Mief einer Wohnküche mit Bratkartof- felfett, gerösteten Zwiebeln, mit frischem und altem Zigaretten- rauch. Lebensgestank.

„Nein, ich habe keine Bedenken, wenn Kerstin einige Tage bei Ihnen oder Ihrer Kollegin bleibt. Ich kann ihr ja doch nichts bieten, und das weiß sie. Schöne Grüße...“ Verabschiedung. Einverständ- nis der Mutter innerlich registriert. Ich müßte eine Protokollnotiz machen, zur Sicherheit. Ich gehe langsamer als üblich zum geparkten Auto. Im Hauflur graue Briefkästen. Hammerschlaglack. Teilweise verrostet. Teilweise aufgebrochen. Teilweise ausgebrannt und mit so vielen Namen versehen, daß ich hier nicht gern Briefträger sein möchte. Mein Blick wandert über die überquellenden Mülleimer, den brüchigen Betonboden im Hof, das vom Wind leicht bewegte Abfallpapier und die wenigen, dünnen Fahnen von Gras, die die Zurückführung dieser versiegelten Höfe in die Natur vorbereiten. Ein halb auseinandergebautes Schrottauto erwartet mit der Würde von lackiertem Metall sein weiteres Schicksal. Baum- und strauchloser Hinterhof. Kein Quadratmeter offene Erde. Der Putz kracht von den Mauern, die Mauersteine verrotten im sauren Regen der Großstadt. Nur Ratten fehlen noch, in diesem Szenarium des Statischen, fühle ich. Wahrscheinlich haben sie Tagesurlaub. Schwer lasse ich die eingeatmete Luft entweichen.

Insgesamt bleibt in meiner Erinnerung nur die Farbe Grau und der Gestank der Mülltonnen zurück. Und die Vermutung, wie dort ein Kinderleben wie Kerstins in ein Jugendleben und dann in ein Erwachsenenleben umschlagen könnte. Mit welchen Störungen für das junge Leben, die junge Erwachsene, die absehbar frühe Mutter. Das reale Sein, – die Lebenswirklichkeit einer Schülerin – hat mich jetzt, über gehörige Umwege, eingeholt. Mein Sein ist jetzt unsagbar schwer geworden, hat sich verändert mit der Geschwindigkeit eines Expreßlifts. Von einem Stockwerk zum anderen. Von oben nach unten – oder umgekehrt. Ich mache mir Sorgen um Kerstins Zukunft.

Jetzt können und müssen wir Weichen stellen, nicht nur dafür sorgen, daß das Mädchen nicht mehr am Kurfürstendamm steht. Muß ihre Karriere nicht über eine Art »Rummelplatz der Gelegenheiten« ins Erwachsenenleben führen? Können auch Menschen lebendig verrotten? Welchen Kontrast bieten hierzu zehn Minuten Werbefernsehen?

Am Sonntag stelle ich mein Programm mit meiner Frau für Kerstin in pädagogischem Sinn um, Picknick und Spaziergang im Grunewald. Lange Gespräche über Themen der Welt. Religion, Unerforschtes, Philosophie, Drogen, Freundschaft und Liebe. Meine Schülerin findet meine Frau sympathisch. Meine Frau bekommt einen guten Draht zu Kerstin. Als die Themen zwischen den beiden

Frauen sehr medizinisch und pubertär werden, drehe ich eine kleine Runde allein im Wald. Ich habe es als Lehrer gelernt, oftmals das Neutrum zu sein, aber beide Weiblichkeiten müssen es nicht überbeanspruchen.

Ich bekomme Kerstins Geschichte nicht auf die Reihe. Allzu verworren, wenige nachprüfbare Elemente. Eine Schülerin aus einer nächsthöheren Klasse habe ihr gesagt, wie sie schnell zu Geld kommen könne. Sie solle sich hübsch schminken und frech anziehen, nachts auf den Ku-Damm stellen. Den Rest würden die Männer machen. Sie habe sich auf ein bißchen Fummeln im Auto vorbereitet. Nur vor den Nutten solle sie sich hüten, die hätten da feste Reviere. Aber wozu das Ganze? Wozu benötigt eine Vierzehnjährige das in Aussicht genommene Geld? Weiß sie, was sie auf sich nimmt? Ich hätte noch eine Menge Rückfragen, aber ich grübele mit meiner Frau oder allein. Weiß Kerstin, wie man einen Erwachsenen durch Kleidung und Schminke verrückt macht? Was weiß sie von der Mechanik »der Männer«? Ich selbst kenne das Leben der zweiten Gesellschaft nur unzureichend aus Filmen und nicht aus eigener Anschauung. Nur auf dem Parkplatz des Elektronik-Kaufhauses holt mich die Wirklichkeit des Straßensex ab und zu ein. Benutzte Präservative in Massen liegen da herum. Einmalspritzen. Autostrich und Drogenplatz. Nachts war ich noch nie da. Und dann meine vierzehnjährigen Schülerinnen zwischen diesen Mahlsteinen unserer Gesellschaft. Haben diese Unerzogenen schon das Worts Aids gelesen – und verstanden? Wissen sie, was Verhütung heißt? Haben sie ihre Jungfernschaft schon platzen lassen? Können sie ein Kondom auf richtigen Sitz kontrollieren. Könnten sie überhaupt die Benutzung eines Kondoms durchsetzten? Wissen sie, welche Qualitäten von Kerlen da auf sie zukommen können? Fragen über Fragen. Gedankenfutter für mehrere Nächte. Für den Abend beschließe ich, ein leichtes Schlafmittel zu nehmen.

Andererseits wieder undurchdringliche Andeutungen in Kerstins Bericht, die irgendwelche Vorkommnisse oder Ereignisse auf dem Schulhof betreffen. Irgend was geht vor, was wir nicht mitbekommen. Kein Kollege sagt etwas davon. Gerüchte. Große Welt kleiner Mädchen? Und Jungen! Sind denn alle blind? Mich schaudert, wenn ich an den Mordfall zurückdenke, der sich vor Jahren in dieser Szene ereignet haben soll. Zwei ausländische Touristinnen waren die Opfer. Meine Körperhaare stehen senkrecht. Ein intensiv negatives Gefühl! Kerstin hätte tot sein können. Glücksfall mit Regina und Bernd. Wer steht unerkannt aus unserer Schule auf dem Baby-Strich?

Während ich Kerstin abends mit dem Auto zu Regina bringe, ruft meine Frau bei Regina an und tauscht sich mit ihr aus.

Montag Morgen grüßt Neumann konspirativ mit einem Zwinkern. Ich zwinkere zurück, bin aber in Eile und in völlig anderen Gedanken als bei einer weiteren »Renovierung« oder Flaschenprüfung.

Im Lehrerzimmer ist Regina schon parat. Die Zeit mit Kerstin sei unproblematisch gewesen, aber auch informativ. Den ganzen Sonntag über habe sie dann noch einige Schülerinnen angerufen, Freundinnen von Kerstin und auf den Busch geklopft. Kerstin sei, so Reginas Geschichte, nicht nach Hause gekommen. Sie wisse, daß sie am Kurfürstendamm als Jungnutte stehen wollte. „Ich habe einigen erzählt, die Mordkommision der Kriminalpolizei habe bei mir angerufen und sich nach Kerstin erkundigt. Ihre Gewohnheiten, ihren Umgang. Bei einigen habe ich mit dieser Geschichte Erfolg gehabt. Und nun rate mal!"

Bei solchen Fragen habe ich gelernt, immer das Unwahrscheinlichste zuerst zu denken, und ich nenne die Namen meiner freundlichsten Schülerinnen aus dieser Klasse. Die Nettesten.

„Richtig. Ilka und Sandra. Ich habe die beiden umgehend zu mir bestellt. Sie mußten sich ein Taxi nehmen. Und dann habe ich denen eingeheizt, wo wir denn wären, Verhältnisse wie in Chicago! Was sollen denn ihre Eltern von ihnen denken, wenn sie so anfangen würden? Prostitution auf dem Ku-Damm! Aber die Geschichte hat sich gewendet. Beinahe kleinlaut haben die beiden mit vielen Tränen eine neue Geschichte erzählt. Und nun halte dich fest! Die Mädchen wollten einen Dealerring aufbauen. Bei uns hier in der Schule. Kerstin und ihre Freundin Ayse sollten als die Hübschesten das Geld besorgen. Ilka wollte den Stoff groß einkaufen und das Kleeblatt wollte ihn auf dem Schulhof verteilen, was verkaufen heißt, nach dem Vorbild der anderen. Na, sitzt du fest?"

Stellenweise habe ich den Eindruck, während Regina erzählt, daß sie mir einen fürchterlichen Brummbären aufbinden will. Aber das macht man nicht mit einem Kollegen, zumal, wenn man lange zusammen arbeitet und Lambada miteinander tanzt, denke ich. „Herausgekommen sei noch", sagt Regina, wie um unbedeutende Nebensächlichkeiten loszuwerden, „daß einige Schüler ihnen das bereits bestens vorgemacht hätten. Wir haben hier an der Schule, besser: auf dem Schulhof Schüler, die ihr Taschengeld auf dem Verkauf von Drogen aufbauen." Obwohl ich durch das ruhige Wochenende bestens konzentriert bin, sind das einige Informationen zuviel für einen Montag Morgen – vor acht. Ich halte mich jetzt an Reginas Hand fest. „Weshalb hast du das nicht schon meiner Frau am Telefon gesagt?" – „Ich wollte Dich noch ruhig schlafen lassen. Die kommenden Wochen werden hart genug. Nein, Spaß beiseite. Ich hatte bis dahin nicht alle Fakten zusammen. Du kannst dir vielleicht vorstellen, wie das war, als ich Ilka und Sandra bei mir auf dem Sofa hatte und Kerstin dazukam. Dann haben wir Tacheles geredet. Alle drei haben Rotz und Wasser geheult. Mein Freund ist zu seinem Bruder gefahren und hat dort geschlafen. Und jetzt gleich spielen wir das mit Ayse noch einmal, zu siebt dann, mit dir und Frau Meier als Vertrauenslehrerin der Schüler." Durch unsere Hände fließt Wärme und das Gegenteil von Ratlosigkeit: Mut. Entschlossenheit, Kraft.

„Aber ich habe doch Unterricht mit der ganzen Klasse!" – „Nein, ist umgelegt,du wirst vertreten. Der Chef ist einmalig. Gestern um elf habe ich ihn kurz informiert. Heute ab sieben Uhr hat er alles geregelt. Um 10 Uhr kommt eine Frau Heilmann von der kriminalpolizeilichen Beratung in Drogenfragen zu den Vieren. Morgen dann mit der ganzen Klasse Drogenprogramm. Ein Film, eine Gruppe von der Kripo, Referenten von der Anonymen Drogenhilfe, also volles Programm!"

Die anderen Klassenlehrer müssen informiert werden, mit dem Hintergrund, daß das Erlebte wirklich keine Einzelfall ist. Ich stelle mir vor, wie jeder einzelne Lehrer die Klasse in Gedanken durchgeht und vorher unerklärliche Vorgänge in ein neues Licht rückt. Bei vielen wird im Endeffekt ein schlechter Geschmack übrigbleiben, weil sie sich durch ihre Klasse, oder einzelne Schüler daraus, getäuscht fühlen werden. Mut zur Offenheit! Inselbildung im unsicheren Terrain von Vermutungen! Stoffülle von neuen Erlebnissen und neuen Situationen! Es ist besser, die Bombe platzt heute, als in einer Woche oder in einem Monat. Es werden überall harte, offene, verletzende Gespräche geführt werden. Der einzelne Schüler muß sagen, wo er steht. Der einzelne Lehrer muß die Vertrauensbasis seiner Klasse abklopfen. Eine neue Stunde Null in jeder Klasse!

XIV

Mit Regina, Frau Meier, Kerstin, Ilka, Sandra und Ayse sitzen wir zu siebt in einem Klassenraum. Es ist kurz nach acht. Das Achtuhrklingeln ist längst verebbt. Ayse ist die körperlich agilste – jetzt, noch. Sie kann noch nichts fassen.

Sie schaut sich alle Gesichter an, um darin zu lesen, ob noch hoch gepokert werden kann oder ob sie schon hoch verloren hat. Meierchen, hat mir Regina auf der Treppe zugeraunt, sei nur grob informiert, sie solle sich selbst ein Bild machen, um motiviert die Drogenkampagne mit unserer Drogentante, der Drogenbeauftragten der Schule, zu planen und durchzuführen. Die »Drogenkontaktlehrerin« ist leider zur Fortbildung in Westdeutschland. Medienseminar. Die Tische sind zu einem Kreis zusammengeschoben, Stühle darumherum herangezogen. Es wäre sicher auch ohne Tische gegangen, aber wohin soll man mit den Extremitäten, wenn man sich nicht aufstützen kann und man sich zusehr schämt? Links neben mir Kerstin, links daneben Regina. Rechts neben mir Frau Meier, dann Ilka und Ayse. Sandra sitzt mit dem größten Platz neben sich allein. Entgegen alle Gewohnheiten der Schule haben wir Zeit. Niemand sagt etwas. Wir lassen den fremden Klassenraum auf uns und die Schülerinnen wirken. An den Wänden Poster von Rockstars, teilweise hat jemand den Milchbärten von Stars dunkelste Schwarzbärte angemalt. Rambos unbehaarte Athleten-Männerbrust trägt einen knappgehaltenen Büstenhalter. Unter der Akustikdecke kleben – seit Jahren vereint – ein ehemals aufgeweichter Tampon und eine angebissene Leberwurststulle. Der Türkisfaden bewegt sich leicht im Luftzug. Die Fensterscheiben sind glasglar, weil der Fensterputzer vor einigen Tagen da war.

Niemand hat eine Bemerkung gemacht, daß Kerstin eine Hose und einen Pullover von Regina trägt. Blau und gelb. Meierchen heute mit blauen Pumps. Hellblau wie ein flacher See in der Türkei. Regina schick, als gehe sie anschließend zum Empfang beim Regierenden Bürgermeister. Die drei Mädchen in Jeans, locker, abgewetzt blau. Weite Pullover in hellen Farben sind heute Trumpf. Draußen donnern Flugzeuge auf ihren Luftstraßen in minütigen Abständen Richtung Flughafen. Sie blitzen an einem bestimmten Punkt am Himmel, silbrig wie Heringe.

Alle Anwesenden sind ruhig, bis auf Ayse. Die rutscht ungeduldig auf ihrem Stuhl herum, kramt in ihrer Mappe, packt einen Kamm aus und kämmt sich, Übersprungshandlung. Notreflexe, Unsicherheit. Ihr hohes Schuhwerk hat an den Hacken arg gelitten. Das schwarze Leder ist sehr heruntergeschabt, das stützenden Weiß des Aufbaus scheint durch. Da fehlen noch mehrere Kapitel bis zum Begriff »Dame«. Obwohl sie sich übergründlich schminkt. Und dann noch ihre Ausdrucksweise... „Was soll denn das Ganze hier?" schreit sie los, als es nicht mehr auszuhalten ist. Will sie uns jetzt die "Unschuld von der Hauptschule" vorspielen? Regina sagt einfach, auf den Kopf zu, bestimmt und mit scharfen, schnellen, genau betonten Worten, daß sie genau wisse, was los sei. Und wenn sie es nicht wisse, so sollte sie sich das durch die versammelten Personen zusammenreimen können.

So haben wir zusammen schon viele solcher »Verhöre, Anhörungen, Beschuldigungen, Entschuldigungen, Problemlösungen« durchgeführt, durchdacht und durchsessen, Klumpen gerührt und meistens gelöst. Das Prinzip ist dabei fast immer dasselbe: die anderen kommen lassen, sich selbst zurückhalten, Einzelheiten einwerfen, um noch mehr Informationen zu bekommen. Anfüttern, um zu angeln. Anbohren, um die explosionsartige Entspannung pädagogisch auszuwerten. Die Lehrbuchpädagogik weicht dann dem gesunden Verstand des Erwachsenen. Das lernt man in keinem Trockenkurs. Dafür muß man Praxisscheine machen. Wenn ich pensioniert werde, will ich ein solches Konfliktlehrbuch in Angriff nehmen. Auf einer griechischen Insel. Als Pensionär.

„Kerstin, Ilka und Sandra haben mir alles erzählt, jetzt möchte ich es aber noch einmal von Dir hören." Regina ist ganz die Klassenmutter. Die Rolle ist ihr auf der Leib geschrieben. Diese kinderlose Frau zeigt von Mal zu Mal, von Konflikt zu Konflikt, immer mehr das Profil einer mutigen Löwin. Für »ihre Kinder« kämpfend, nichts unversucht lassend, um etwas herauszuholen. Alles nach ihrem Denken ausrichtend, wenn es um Gerechtigkeit geht und dabei geschickt argumentierend, Mitschüler mit großem Einfühlungsvermögen ansprechend. Und die Schüler wissen, was sie an ihrer Klassenlehrerin haben, hassen sie während des Konflikts, die Übermutter, die Herrin des Rings. Sie lieben sie, wenn der Konflikt ausgestanden ist, oder wenn sie nachvollziehen können, wie die Klassenmutter für Mitschüler die Klippen gemeistert hat. Und ich als Pauker, Klassenvater, Bälle aufnehmend, Bälle zuspielend. Immer auf dem Sprung, die geistigen Linien meiner schulischen Partnerin aufzunehmen...

Ayse kämmt sich noch zu Ende, so langes, dichtes Haar benötigt sicher gründliche Pflege – aber nicht jetzt – legt die Bürste auf den Tisch und schaut auf ihre Tasche, sagt nichts. Beginnt, mit den Fingernägeln zu spielen. Rot, extremrot, denke ich, aber mit Stellen, an denen der Lack ab ist. Sie hat so frische rote Schminklippen. Bald werden sie zerbissen sein. Das Rot ist das wärmste Rot, wahrscheinlich genau abgestimmt auf die Empfindlichkeit meiner Farbsehschicht. Siebenhundert Nanometer, Mädchen?

„Du kannst alles sagen", mischt sich Ilka in ihrer ruhigen, leisen und sehr angenehmen, auch im Konflikt ehrlichen Art ein. „Du kannst mir glauben, Sie weiß alles, wir haben Ihr alles erzählt!" Jetzt sehe ich, daß die Mädchen große Ringe haben, Augenringe.

Meierchen neben mir rutscht auf dem Stuhl herum. Kein Sitzfleisch heute morgen? Selbst zusehr in eigene Gefühlsprobleme verstrickt? Sandra und Kerstin brüten vor sich hin. Große Besetzung, das. Drei Lehrer. Vier Schülerinnen. „Mensch, glaubste nicht, was Ilka sagt, oder verstehste kein Deutsch?" poltert Kerstin los. „Mich hat' se am Sonnabend nacht vom Kudamm geholt, wo Ihr mich hingeschickt habt, weil Ihr zu feige dafür seid! Aber jetzt kneifen! Und die Suppe werden wir zusammen löffeln. Wo warste denn Sonnabend? Ich dachte, wir wären verabredet gewesen bei BMW?" Sie beugt sich, während sie spricht und dabei laut wird, weit über den Tisch, als wolle sie Ayse anbellen und beißen.

Ayse fällt ohne Fallschirm aus ihren Wolken. Sie schaut zwischen Ilka, Regina und Kerstin hin und her. Jetzt erst fallen Markstücke. Die Tür geht auf. Ein Siebentklässler hat sich im Raum geirrt. Mit Blick auf die Armbanduhr schüttle ich ich innerlich meinen Kopf, um äußerlich jedoch ruhig zu bleiben. Vor dem Haus fährt die Müllabfuhr vor. Tuckernder, stinkender Diesel, mit erhöhter Drehzahl. Das Rollen der Container ist Musik für die Männer vom Müll. Dann das Anschlagen der Container am Müllwagen. Mehrfach Leerungsversuche, weil irgendein Müll sich im Container verhakt hat. Ich denke unwillkürlich an meinen Schrottstuhl, aber der müßte doch schon längst beseitigt sein... Ich schaue zu den oberen Lüftungsklappen, ob ich sie schließen sollte? Jetzt wäre ein kleiner Feueralarm prima, denke ich, dann können wir mit der Vorstellung noch einmal beginnen.

Ayse beginnt leise, sich immer stärker konzentrierend, endlich, sich zu den Vorwürfen zu äußern. „Angefangen hat es damit", sagt sie, „daß die Gruppe mit Tamara uns Dope angeboten hat. Wir haben probiert und fanden das Zeug, hm, eben, es ging." Sie kann jetzt, hier, nicht zugeben, ist meine Erklärung, daß es nichts war. Das wäre ja, wie jemand der das erste Mal irgendwas macht, und es ist augenblicklich wunderbar. „Es war bloß zu teuer. Und die Tamara hatte immer so schicke Klamotten. Und da habe ich sie gefragt. Und da hat sie gesagt, daß sie »diesen Dingens« eben verkaufe. Hier auf den Schulhof. Das sei prima, weil man ja jeden kennt, weiß, ob er zuverlässig ist und Taschengeld hat oder nicht." Solvente Kunden werden bevorzugt, schießt es mir durch den Sinn. „Und mir fiel ein, daß man ohne Geld gar keinen Stoff ankaufen kann, und deshalb die Idee, mit Kerstin zum Ku-Damm zu gehen." Die Worte »Strich«, »auf den Strich gehen«, »Prostitution«, »Nutten«, »Stricher«, »Zuhälter« benutzen die Mädchen jetzt nicht. Berührungsängste? Sonst sparen sie doch nicht mit drastischen Worten hoher Eindeutigkeit, die wir Erwachsenen nur still denken. Meierchen geht mit der Linken fahrig durchs Blondhaar. Legt den Kopf schief, als betrete sie eine Phantasiewelt.

„Und dann kommste nicht. Die Ideen kannste haben. Aber andere vorschicken!" schreit Kerstin Ayse an. Diese Schiene ist die von Regina. Sie hat Kerstin gut draufgesetzt, alle Achtung. Gutes Menschenschach. Sollen sich die Schülerinnen mal selbst erziehen. Für uns Lehrer bleibt noch genug Feinarbeit. Ayse stottert Entschuldigungen. Wäre nicht von zu Hause losgekommen. Noch den kleinen

Bruder beaufsichtigen. Wäre eine Dreiviertelstunde zu spät am Ku-Damm gewesen. Frauen hätten sie verscheucht. „Eine hat mir ins Gesicht geschlagen, mit ihrer Tasche."

Ayse spricht undeutlich halblaut weiter. Wahrscheinlich die Beleidigung, die ihr die Straßennutte als ausgesprochen hübschem türkischen Mädchen zugedacht hatte. „Es ist doch das erste Mal gewesen, ich hatte einfach Schiß!" Ayses Augen werden feucht. Jetzt ein langes, altes Musikstück von Pink Floyd auflegen und die gezählten Punkte auf einer mechanischen Anzeigetafel rundherum abbilden. Hoffentlich wird das ein Heimspiel, hoffentlich. Im Interesse der Mädchen und der gesamten Klasse. Eigentlich auch im Interesse des Lebens unserer Schule.

„Und ihr habt gemeint, daß das klappt, Drogen in der Schule verkaufen? Als Prostituierte sich einfach auf die Straße stellen?" mischt sich Regina wieder ein. „Na, ja", wird Sandra munter, „so ganz richtig ja nicht. Aber bei Tamara und Detlef hat es doch auch geklappt. Oder wieso denken Sie, kann der Bruder von Oliver schon ein so großes Auto haben?" Impulsiv hat Sandra neue Hinweise gegeben. In meiner geistigen Liste streiche ich mir einige Namen und einige Gruppen dick an. Tamara ist diejenige, die als Kompliment an ihre Freundinnen weit ausholt: „Du siehst aus wie eine explodierte Klobürste!" Sie vergißt dabei meiner Meinung nach, daß sie sich selbst so am besten eindeutig beschreibt.

„Habt ihr mal darüber nachgedacht, was passiert, wenn das herauskommt?" ziehe ich am ausgelegten Faden. Schulterzucken beantwortet meine Frage. Gemeinsam legen wir eine kleine Schweigepause zum Sackenlassen des Gehörten ein. „Was wird deine Mutter sagen? Was wird deine Familie denken?" Öl ins stille Lagerfeuer. Hat die Meiern noch Benzin? Kein Benzin, aber ein kleines Notizbuch. Sie schreibt. Die Fluchtinstinkte der Mädchen müssen bis knapp vor »Flucht« gespannt werden. Auspacken und sich wieder frei fühlen. Körperliche Belastung wie in einer Fliehkraftschleuder. Rummel der Seelen?

Ich verbringe den ersten Teil der Pause mit den vier Schülerinnen im Klassenraum. Nur dringende Toilettenbesuche sind bei Ausleerung sämtlicher Hosentaschen erlaubt. Abschirmung. Brüten lassen. Konzentration auf sich. Regina löst mich bei der Beaufsichtigung der Mädchen nach der halben Pause ab. Kaffeezeit im Lehrerzimmer. Ich wäre jetzt lieber mit ihr allein, um gemeinsam den Seelenschrott zu verdauen. Die zwei Neulinge sind jetzt schon lockerer, bewegen sich frei, gehen viele Kollegen um Informationen an. Daß sie das machen ist üblich, nur kommt es darauf *wie* sie es machen und bei *wem* sie nach Wissen bohren. Heute habe ich wieder keine Zeit, ein Wort mehr mit ihnen zu tauschen. Eigene Belastung mit dem Mädchenkleeblatt. Die Sekretärin fragt laut ins Lehrerzimmer hinein, ohne einen Menschen anzusehen, nach einem vermißten Klassenbuch. Niemand, der sich angesprochen fühlt, weil jeder die Frage bereits dreimal gehört hat. Aber die Sekretärin muß nachforschen! Und sie wird alle durch regelmäßiges Fragen erreichen. Und sie wird – üblicherweise – erfolgreich sein! Ihre kriminalistische Energie ist ungebrochen. Und das seit zwanzig Dienstjahren!

Die Chemielehrerin fragt im Lehrerzimmer, ob jemand zufällig ihr Schlüsselbund gesehen habe. Anders als die Routineangelegenheit der Sekretärin hat sie Wirkung erzielt. Jeder greift nach seinem Schlüsselbund und ist wieder nach dem kleinen Schock beruhigt. Von den anwesenden Kollegen keine Antwort, kein Trost, nur Schulterzucken. Der Kopierschüler, der in der Tür steht, sagt in seiner liebenswert-trockenen Art, daß er das Schlüsselbund eben noch im Chemieraum habe liegen sehen. Die Chemielehrerin umarmt ihn fast und fegt los wie jemand, der zu einem wichtigen Rendevous zu spät erscheinen wird.

Malinowski schiebt mir wortlos ein Foto zu. Eine Frau, etwas jünger als er, soviel steht fest. Der Kurschatten! Nicht unflott. Aber ohne Zopf. Ich kann mir beide immer noch nicht vorstellen, wie sie tanzen. Essend steckt Malinowski das Foto ein. Niemand von den anderen hat uns beim Betrachten des Fotos gestört. „Ihr habt ja einiges am Dampfen", sagt Malinowski und beißt vom Brot ab. „Kannst du wohl laut sagen! Drogen laufen einem nach wie unbezahlte Rechnungen." –– „In dem Alter..." Malinowski stützt sich mit dem rechten Ellenbogen auf dem Tisch auf, „hätten wir nicht einmal eine gefundene Zigarette angezündet!" Ich bin mir sicher, daß Malinowski jetzt beschönigt. „Was macht die Pensionierung?" frage ich leise. Malinowski wendet sich leicht ab, brummelt was von Mühlen, die mahlen. Ich denke dabei an die Nichtdrogenkonsumenten Max und Moritz, die zermahlen aus der Mühle ihre Körperformen im Sand behalten haben. Stundenzeichen. Der Chef bringt eine »schulfremde Person« ins Lehrerzimmer. Die beiden gehen zielstrebig auf mich zu. „Darf ich vorstellen, Frau Heilmann!" Eine Frau dieses Namens, von der Drogenberatung der Kriminalpolizei, hätte ich mir häßlich-moralinsauer und mit einem blütenweißen Kleid vorgestellt, wegen der Sitte. Die leibhaftige Frau Heilmann: jünger als ich, unaufdringlich schick, mit dezenter goldener Halskette, Ohrringen, Jeans, Hemd und Pullover. Nichts von Naphtalingeruch. Nur der Aktenkoffer in ihrer Hand wirkt nicht damenhaft. Eher geschäftsmäßig.

Ja, es gehe los. Es brenne an vielen Ecken und Zipfeln Berlins. Sie könne kaum noch hinterherkommen mit den Beratungsgesprächen für Schüler, Lehrer, Eltern, Öffentlichkeit. Was sie jetzt vorhabe, frage ich. Schilderung einiger Drogenkarrieren aus ihren Akten mit Dias.

Wir gehen zu Regina, holen die Mädchen und gehen in den üblichen Klassenraum. Kleines Tohuwabohu. Schnell sortiert, schneller und nachhaltiger als sonst. Die fremde Frau und die vier gedämpft wirkenden Mädchen, die Klassenlehrerin und ich: geballt offene Situation. Frau Heilmann plazieren wir zunächst in einer der hinteren Reihen. Das Kleeblatt bleibt vorn stehen. Ich bin froh, daß nicht irgendeiner der Schüler einen Lachkrampf bekommen hat, wie es üblich ist, wenn wir irgend jemanden in die Klasse mitbringen, ob der oder die komisch aussieht oder nicht.

Die Schüler sollen einen Stuhlkreis aufbauen. Das klappt heute ohne besondere Regieleistung. Frau Heilmann wird in den Kreis einbezogen. Wir sitzen jetzt so verteilt wie die Ziffern drei, sechs, neun und zwölf auf einem Zifferblatt. Die vier als Drei, Regina als Neun, Frau Heilmann als Zwölf und ich als Sechs. Dazwischen die anderen Schüler. Das ist eine günstige Konstellation für ein spannendes Gespräch. Die vier sollen allen schildern, was gewesen ist. Und ehrlich. Reihum ergänzen die vier ihre Geschichte, die Kerstin zu erzählen beginnt. (Die fremde Frau im Hintergrund stört dabei keineswegs.) Sie sparen dabei nicht mit persönlichen Aussagen, auch über Gefühle, Probleme, häusliche Misere. Und Scham. Den Jungen, die sich nie für etwas interessieren, sieht man das Desinteresse immer noch an. Die aufgeschlossenen Jungen und

Mädchen werden immer ruhiger. Es geht hier mehr vor als im üblichen Unterricht. Plötzlich schreit ein Junge dazwischen: „Die Drogentitte soll mich in Ruhe lassen!" – „Der Sack soll sich nicht so breit machen", ist Sandras Antwort. Ein Kleinkrieg, der jetzt nicht auszuschalten ist.

Frau Heilmann hat nicht reagiert. Sie kennt diese Sprache hoffentlich schon und wundert sich nicht übermäßig. Jetzt kommt ihr Einsatz. Sie berichtet zwei Drogenschicksale aus ihrer Arbeit, zeigt dabei Originaldias über den Overheadprojektor. Die Augen der Personen verdeckt dabei ein schwarzer Balken. Die Geschichten beginnen jeweils in einer öffentlichen Toilette. Überdosis. Notarzt. Knapp am Tod vorbeigeschrammt. Beschönigt wird hier nicht. Frau Heilmann sagt zu Scheiße Scheiße.

Die Drogensüchtigen liegen in ihrer eigenen Scheiße, was die Fotos deutlich zeigen. Entzugserfolg wird besprochen. Ursachen für den Drogeneinstieg aus den Biografien der Fotografierten werden mitgeteilt. Übliche Schicksale. Nichts Exotisches. Bis zum Drogenknick. Und der Leidensweg ist lang. Frau Heilmann öffnet ihren Koffer. Drogen aus der Asservatenkammer, denke ich. Die Schüler staunen. „Das tragen sie so mit sich herum?" Berufsrisiko. Frau Heilman zeigt, was sie im Koffer hat. Drogen der Welt in allen Darreichungsformen. Einer kommt ins Schwärmen:„Wenn wir das alles nehmen würden..." – „...dann wärt ihr tot", sagt Frau Heilmann illusionslos.

Dann die zweite Geschichte. Die besondere Bedeutung der Langeweile und der nichtgestalteten Freizeit wird als Auslöser für Drogenkonsum – neben anderen Ursachen – von ihr betont. Zwischendurch das Läuten, das heute ins Abseits gestellt ist. Bei Schulschluß leichtes Aufbäumen der gesamten Klasse. Nach den Jacken fassen und diese anziehen. Für heute gelte eine Ausnahme, die zehn Minuten, um zum Schluß zu kommen, hätten wir noch. Regina, ein Engelszünglein im Umgang mit ihrer Klasse. Ich bewundere sie. Alle Fragen sind beantwortet. Sichtlich erschöpft trennen wir uns. Frau Heilmann geht zum nächsten Termin, obwohl wir gern privat mit ihr gesprochen hätten. Visitenkartentausch. Eine tolle Frau, mit der jeder gern Umgang hätte. Der Drogenkoffer, Muster ohne Wert, nur die Farbe stimmt.

Mit Regina besuche ich nach der Schule eine kleine Pizzeria, zu Fuß bequem in fünf Minuten zu erreichen. Das Lokal ist jetzt noch fast ohne Gäste, abends findet man hier kaum einen Sitzplatz ohne Vorbestellung. Die Kellnerin im kleinen Schwarzen bringt die Speisenkarten, gibt meiner Begleiterin zuerst die Karte. Rituelle Höflichkeit, obwohl ich bezahlen werde. Männer bezahlen häufig. Und nicht nur mit Geld. Regina und ich müssen das Erlebte erstmal sacken lassen. Und dabei ist Nahrungsaufnahme in meinen Augen ein geeignetes Mittel der Entspannung. Deshalb der Bauch, hatte Regina einmal gesagt. Und ich habe geantwortet, daß sechzig Prozent aller Frauen Männer mit Bauch lieben würden. Auf welcher Seite sie stehe?

Sollte ich jemals eine Pizzeria leiten, stelle ich mir jedesmal bei dieser Zeremonie des Kartengebens vor, blieben die Karten auch während des Essens auf dem Tisch liegen, wegen der Nachbestellungen und der spontanen Gelüste meiner Gäste.

Wir lesen still die Karte rauf und runter. Pizza, Calzone, Auflauf, Salat? Ist Fleischliches angesagt? Oder Nudeln? Die Kellnerin Monika kommt und läßt sich die Getränkebestellung geben. In Gedanken sind wir noch in unserer Drogentherapiestunde. „Det is ja det schöne bei uns, kann ja jeda machen, wat er will!" hatte Sven seine Meinung deutlich vertreten. Bankeinbruch, Prostitution und Verwahrlosung und Verhungern inbegriffen, habe ich das still kommentiert. Wer unsere Freiheit nicht verstanden hat, der kann sich längerfristig direkt ins Gefängnis begeben. Ohne »über Los«, ohne viertausend DeEm. „Wer mit achtzehn oder zwanzig fertig sein will – warum nich? Lieber 'nen kurzet, schönet Leben als langet Leiden!" Mit »Leiden« meinte er wohl, was ich »Leben und Arbeiten« nenne und mit meinem Leben repräsentiere! Mir schmeckte die eigenartige Mischung aus kapitalistisch-drogistisch-fatalistischer Lebensauffassung nicht. Sicher soll jeder nach seiner Facon..., aber bitte nicht auf meine Kosten!

Als ich in seinem Alter war, habe ich auch viele Dinge anders gesehen. Eine Freundin meiner Schulzeit wollte nie Kinder haben – verantwortungslos, welche in die Welt zu setzen, waren ihre Worte, mit sich selbst erst klarkommen, dann eine Weile gar nichts. Lehrerin wollte sie nicht werden – hat natürlich studiert, irgendwas. Schließlich und endlich Lehrerin, verheiratet, ein Kind.

Das zweite ist noch unterwegs. Damals habe ich noch geglaubt, daß ein gesprochenes Wort für immer zu gelten habe. Vielleicht glauben das meine Jugendlichen immer noch? Wie kann ich das Erlebte den Jugendliche weitergeben, ohne den Alters- und Erfahrungsunterschied als trennende Grenze zu betonen? Wie sind ihre aktuellen Probleme so aufzubereiten, daß sie womöglich selbst, wenn schon nicht auf Lösungen, dann wenigstens auf Alternativen zu ihrem jetzigen Verhalten kommen können?

Monika, die Kellnerin, kommt und fragt nach unseren Essenswünschen. Diese junge Frau, die hier seit einiger Zeit serviert, erinnert mich an eine andere Studienkollegin. Ebenfalls eine Monika – von meinen nie gezählten Monikas. Mit ihr war es das Schönste, wenn wir uns trafen, bekleidet, ohne Berührung, zusammen auf ihrem Bett zu liegen, die Augen zu schließen, ihre Träume anzuhören. Damals wußte ich noch nicht, was Sinnlichkeit bezeichnet, hörte ständig dieses Wort von ihr nur als zu lernende Vokabel. Und die Träume. Fit in allen Nischen der Psychologie, damals, war es eindeutig, ihre Träume in den Bereich der Sexualität und der unbefriedigten Lust einzuordnen. Jeder Satz ein Indiz. Jedes Wort eine Liebeseserklärung – an mich. Schöne Täuschungen! Was konnten wir spinnen, träumen, fliegen, ohne Alkohol und Drogen. Die Kraft unserer Imagination. Unserer schönen Tagträume. Dreimal klopfte ich an ihr Herz. Vergeblich. Die kleinen Kränkungen dazwischen habe ich vergessen, verdrängt, überlebt.

Die Kellnerin Monika serviert. Für Regina und mich je eine große Pizza. Monika, die Kellnerin, erinnert mich bei jedem Besuch der gipswandigen Pizzastube an die andere Monika. Der dunkle Typ, die Silhouette ihrer betont weiblicher Formen, die warme Freundlichkeit ihrer fragenden Stimme. Eine kleine Mutprobe, von der keiner weiß, diese Höhle aufsuchen und diese zweischneidige Erinnerung vor mir stehen und laufen zu sehen. Und ich werde einen Teufel tun, Regina oder meiner Frau davon zu erzählen, daß ich verträumt einer Kellnerin nachsehe und bei einer Zeitreise ins Schwärmen komme. Wechselbaddusche meiner Gefühle. Elektrochemie und feuernde Synapsen den ganzen Tag lang. Aus den Lautsprechern Musik: »Sexy« von Marius Müller-Westernhagen.

„Mir machen die Stillen im Lande Sorgen!" sagt Regina, „Die, die nie zu etwas Piep oder Pap sagen. Die Schüler wie die Lehrer. Die Schüler bekommen für ihr Verhalten Zensuren. Die Lehrer..." – „Eine dienstliche Beurteilung!" falle ich ihr ins Wort. „Es ist erstaunlich, wie einige mit einem geballten Nullengagement durchkommen. Geachtet werden, von denen, die nicht genau hinter die Kulisse schauen können!" Und ich ergänze: „Und die bremsen durch ihren schleppenden Schritt, durch Anschwärzen, formale Winkelzüge und breitestes Desinteresse am Schulleben die, die etwas Positives an ihrer Schule tun wollen. Die Verschweiger, die Schüler wie die Lehrer, tragen nicht zur Klärung von Problemen bei. Ein Lächeln, ein Grummeln, eine zustimmende Geste, kann ihre Gefühle und Meinungen nicht exakt wiedergeben. Sicher kann nicht jede und jeder immer reden und seine Meinung kundtun, aber sie werden in ihrem geräumigen Schweigen ertrinken, in ihrer Null-Bock-Haltung erstarrt bleiben."

Das Verlassen der Pizzeria ein kleiner Tod mit dem Anblick der zurückbleibenden Kellnerin Monika und der anderen Monika in meinem Kopf.

– Haste die Neue gesehen?
– Welche?
– Na die, die bei Regina und ihrem Sozius ein und ausgeht?
– Die mit den scharfen Jeans und der Kurzhaarfrisur?
– Ja, genau die!
– Der war doch die Drogentante von der Kripo. Die kommt sicher nicht mehr!
– Schick sah se ja aus, mit ihrem Köfferchen.
– Da waren bestimmt Drogen drin...

Beim Zündschlüsseldrehen – ein Malheur: der Motor säuft ab und erholt sich beim zweiten und dritten Starversuch nicht mehr. Ein unbekannt dumpfer Ton alarmiert meine Technik-Sinne. Als ich die Motorhabe öffne, sehe ich, daß der Motor noch friedlich vorhanden ist. Schmiere, blanke Metallteile, die Schwärze des Motors, nichts Besonderes.

Auf der Straße mehrere Automobilisten, die ebenso wie ich nicht starten können und an ihren Blechgefährten hantieren.

Drei Autos vor mir steht die Chemielehrerin mit dem Hausmeister vor ihrem Auto. Ich gehe zu den beiden. „Was habt ihr denn?" – „Er will nicht mehr starten", sagt Neumann.

Zu uns kommen zwei weitere Kollegen. Dieselbe Fehlerbeschreibung. Startversuch. Sekundärerfolg. Ausgehen. Weitere Startversuche. Erfolglos!

Insgesamt doktern wir etwa zehn Minuten am Neuwagen der Chemietante herum, bis Neumann sich unter den Wagen legt und dabei etwas entdeckt: Im Auspuff steckt ein großer Korken. Darauf steht „Stinkeschwein". Mit einem Trickgriff, dem auch ein äußerst festsitzender Sektkorken nicht widerstehen könnte, löst Neumann den Korken aus dem Endrohr des Auspuffes heraus. Ein schöner, neuer, einseitig sauberer Korken. Neumann gibt ihn der Chemielehrerin – zur Besichtigung. Sie schmiert sich natürlich am verrußten Korkenende an. „Die kenn ich, die Sorte, sind doch heute früh geliefert worden, fünfzig Stück!" Sie rennt los, in Richtung Schulhaus. Die anderen Kollegen lösen in gegenseitiger Hilfe und mit Neumanns Trick ihren »persönlichen Korken« aus dem Abgasrohr. Auf den Korken jeweils ein identischer Kommentar. „Phantasielos!" bemerkt ein älterer Kollege.

Atemlos kommt die Chemiekollegin zurück. „Die Tüte, in der die Lieferung angekommen ist – leer! Fünfzig Korken – weg!" Ich frage sie, wie lange ihr die Chemieraumschlüssel gefehlt hätten. „So etwa fünf Minuten etwa!" Mir ist der Fall klar. Sie hingegen tobt noch ein bißchen, wahrscheinlich über sich selbst. Neumann nimmt sie mit, um mit ihr die Straße abzugehen. Korken ausbauen.

Ein Blick auf meine Uhr zeigt mir, daß es sich nicht lohnen würde, vor der Elternversammlung nach Hause zu fahren. Also schließe ich mich der freiwilligen »Autoreparaturtruppe Neumann« an. Insgesamt bekommen wir nach einer Stunde fünfundvierzig Korken zusammen.

Die Chemielehrerin ist von einem Häufchen hygroskopischer Natriumhydroxidplätzchen zu einer formlosen Masse zerflossen.

Trost gibt ihr erst Neumanns Dienstimmer und Branntwein in einem Plastikbecher. Stillos, einfach stillos, hätte Malinowski gesagt. Hausmeister Neumann versteht allerhand von Reparaturen, muß ich neidlos anerkennen. „Lassen se mal, Frollein, einer, den se sehr jut kennen, der hatte auch schon sein Autoerlebnis!

Trollmann, Kollege Trollmann, als er noch gut drauf war."

Und Neumann läßt zwischen zwei Bieren, Colas und Weinbrand einige Details aus Trollmanns Leben durchblicken.

Trollmann hatte einen seiner Schüler mehrfach ungerecht behandelt, zum Beispiel das Diktat wegen Täuschungsversuchs mit sechs bewertet, Entschuldigungszettel nicht anerkannt und ähnliches mehr. Irgendeiner habe gesagt, beide, der Lehrer und der Schüler, liebten dasselbe Mädchen(!), Gerede eben. Und dieser Schüler habe dem Trollmann Rache geschworen, zeitweise sogar öffentlich. Und nicht nur geschworen. Trollmann habe damals laut gelacht.

Als Trollmann eines Tages nach Dienstschluß zu seinem Wagen gekommen sei, einem himmelblauen Neuwagen, wenige Monate alt, Trollmans ganzer Stolz – hatte er die eben geschilderten, doch Jahre zurückliegenden Ereignisse längst vergessen und mit neuen Vorkommnissen überdeckt – habe dort ein Totalschaden auf ihn gewartet.

Und Neumann habe den völlig aufgelösten, stammelnden Trollmann trösten müssen. Der Wagen sei noch nicht bezahlt und doch Schrott, die Urlaubsreise, mit dem Wagen, stehe an, habe er gestottert, eben die Litanei, die unversehen in ein Menschenleben hineinbrechen kann.

Zusammen hätten sie den Schaden begutachtet. Ein Lastwagen mußte den geparkten Wagen von hinten voll erwischt und zusammengeschoben haben. Winzig steckte in der Seitenscheibe ein Zettel: „Trollmann! Du bist ein Schwein! Deine Karre steht..." und dann folgten eine Straße und eine Hausnummer.

Viel später erst kam durch andere Schüler dieses bereits entlassenen Jahrgangs heraus, daß der betreffende Schüler einen Abschleppwagen fuhr und so lange nach einem Unfallwagen von Trollmanns Automodell gesucht hatte, bis er den präsentierten gefunden habe.

Und an Trollmanns Auto fehlte nichts. Der Junge verstand sein Handwerk, nur das eine Nummernschild, das war auf die intakte Seite des Unfallwagens geschraubt worden. Damit es echter aussähe...

Ich weiß nicht recht, ob die Chemielehrerin ordnungsgemäß getröstet war, jedenfalls verließ sie Neumann und mich bald ohne

Gruß, Neumann und ich machten weiter – mit Kaffeetrinken und Kuchenessen. Essen hält Leib und Seele zusammen.

XV

Abends Elternversammlung in der Schule. Zuerst, eine Stunde vor der Versammlung aller Eltern, Aussprache mit den Eltern der betreffenden Schülerinnen. Diese sind dabei. Ohne die Schülerinnen wäre das Treffen pädagogisch wertlos. Kerstins Mutter, die ich als einzige schon kenne, sieht heute besser aus, gepflegt, bloß die Gesichtshaut will nicht wieder werden. Einem Stück Stoff würde ich das Dampfbügeleisen nachdrücklich empfehlen. Insgesamt muß ich feststellen, daß sich Schülerinnen und Schüler, Lehrer und Eltern für dieses Treffen schick gemacht haben. Nur ich bin so gekommen wie immer, aber das erhöht den Wiedererkennungseffekt bei den Schülern. Als Ayse mit ihrer Mutter kommt, will diese Regina dringend allein, außerhalb der Klasse, sprechen. Regina sagt mir danach, daß Ayse nie zum Ku-Damm gegangen sei, die Mutter habe es ihr verboten, weil es sich nicht für ein türkisches Mädchen schicke, so spät ohne Begleitung wegzugehen.

Ayse wäre in die Sache gerutscht, weil sie dieses Mal mit den anderen Mädchen mittun wollte, was sie als türkisches Mädchen sonst nie durfte. Die anderen seien da viel mehr hinterher gewesen, daß die Sache, das heißt der Drogendeal, anläuft. Im übrigen werde die Mutter Ayse von der Schule nehmen, wenn so etwas nochmal vorkäme. Und Ayse wolle hier an der Schule bleiben.

Die anderen Eltern stehen mit ihren Kindern verblüfft da: Sandra schämt sich sichtlich vor ihrer Mutter, als alles herauskommt. Ilka heult sich die Augen rot. Und Schminke fließt. Und hoch und heilig wird versprochen. Auch geschworen. Mehrfach wiederholt geschworen. Ihre Eltern sind zum ersten Mal zusammen bei einer Elternversammlung und beteuern immer wieder, daß sie sich richtig Mühe mit ihrer Erziehung gegeben hätten, nur das Beste hätten sie für Ilka gewollt. Und nun das! Kerstin wird von ihrer Mutter in unserem Beisein nach dem Make-up gefragt. „Das liegt doch hier auf'm Klo. Soll ich es dir zeigen?" Mir kommt dabei eine Beobachtung in den Sinn, bei der ich meinen Augen nicht trauen wollte. Türkische Mädchen besuchen frühmorgens ungeschminkt die Toilette, um kurz vor acht heftig geschminkt herauszukommen. Nach Schulschluß das umgekehrte Bedürfnis, vehement eine Toilette zu benötigen... um die Schminke geordnet (d.h. mit Spiegel) wieder loszuwerden. Daher häufige Toilettenbesuche, Schminke rauf und Schminke runter.

Anschließend Versammlung der Eltern der Klasse. Mit dem Schulleiter! Das Kind sei jetzt in den Brunnen gefallen. Nur gemeinsame Anstrengungen führen zum Ziel. Die Eltern sind unabgesprochen kooperativ und versprechen, auf ihre Kinder (positiv) einzuwirken. Die besondere Bedeutung einer erfüllten Freizeit und Freiheit. Die Funktion der Familie. Wir vertagen uns für vierzehn Tage. Dann neue Versammlung in dieser Angelegenheit. Hoffentlich hat der Warnschuß vor den Bug aller gesessen.

– *Haste schon von der Klimakatastrophe gehört?*
– *Wo, an unserer Schule? Ne!*
– *Nein, in der Welt. Die einen sagen, daß die Pole abschmelzen durch den Treibhauseffekt.*
– *Was du nicht alles weißt.*
– *Und die anderen sagen, daß eine neue Eiszeit kommt...*
– *Und was passiert nun wirklich?*
– *Frag mich in hundert Jahren nochmal...*

Am Morgen: Bauabnahme. Alle sind zufrieden und voll des Lobes. Die Fassade sieht wirklich gut aus. Und sauber. Und haltbar. Und kein Stift hält an ihr: japanisches Patent. Vom Spruch, der das alles zuwege gebracht hat, kein Wort. Warum nicht gleich so?

XVI

Am Mittag: Routineüberprüfung für mich. Die Schulrätin begutachtet in regelmäßigen Abständen die Leistungsfähigkeit der Lehrer in ihrem Dienstbereich. Auf diesen Tag habe ich mich wochen-
lang präpariert. Ich habe im Bekanntenkreis nach einer alten
Schreibmaschine gefahndet, die nun durch ihr Schriftbild einen
großen Tag erlebt.
    Meine beiden Besucher sind pünktlich im Klassenraum. Die
Schüler sind heute gedämpfter als um diese Uhrzeit üblich. Soviel
Prominenz sind sie nicht häufig gewohnt. Ich händige den Besu-
chern die Stundenentwürfe aus. Die Papiere sind geklammmert
und gelocht. Ich sehe mit einem Blick, daß der Chef unerwartet
schnell ein Gesicht zieht, als habe er auf eine Zitronenscheibe
gebissen. Das mußte das Schriftbild meiner Stundenplanung sein,
denn so schnell kann selbst mein Chef einen Inhalt nicht erfassen.
Eins zu wieviel? Für Frau Losseck als Junglehrerin wäre dieses
Verhalten des Chefs das Signal zum »Aus« bereits vor Unterrichts-
beginn gewesen. Sie achtete seinerzeit wahrscheinlich zu intensiv
auf die Reaktionen ihrer Umgebung. Für mich ist das Reagieren
des Chefs ein untrügliches Zeichen, daß das Vorbereitete zu laufen
beginnt. In den Unterrichtsentwurf habe ich, nach dem Vorbild der
Stiftung Warentest, Fehler eingebaut, in der Hoffffnung, daß die
begutachtenden Fachleute diese monieren. Erste Fehlstelle: die
ausgesucht schlechte Schreibmaschine. Das »e« ist zusätzlich ver-
schmutzt und angefeilt worden. Am »i« fehlt der Punkt, weil auf der
Type herausgebrochen. Die Buchstaben springen leicht in der
Zeile wie tanzende Derwische auf einem krummen Seil. Meine
Vorbemerkung habe ich mit dem Fotokopierer verkleinert und den

Kopierer besonders schwach gestellt. Insgesamt ist das Farbband als »schwach bis tot« zu nennen. Von der Schulrätin sagt man, daß sie den Entwurf nicht lese, aber trotzdem knallhart Fragen stelle. Sicher Geschwätz.

Der Unterricht nimmt seinen gewohnten Gang, beinahe. Ilka fährt mir beinahe in die Parade, als sie mich in einem Augenblick, als sie nahe bei mir steht, wie fast üblich geworden anflüstert: „Haben Sie heute Kinderquälerprüfung?" und in Richtung der Besucher nickt. Ich antworte nicht, sondern ziehe ein Gesicht mit einem häßlichen Mund. Dann präsentiere ich laut eine Einleitung zum Stundenthema, eine Schwierigkeitsstufe, ein Selbsttun der Schüler, Aufgaben zum Überprüfen des Lernziels. Die Schüler werden nach der Stunde in die Pause entlassen, und wir besprechen die Stunde. Der Chef rutscht mehr als sonst auf dem zu klein geratenen Schülerstuhl hin und her. Die Schulrätin, seine Vorgesetzte, übernimmt die Gesprächsführung.

Sie stellt noch Fragen zum Unterricht, wie diese und jene Einzelheit im Gesamtzusammenhang einzuordnen sei. Wie die Stunde innerhalb der Einheit stehe? Dann erklärt sie, daß der Unterricht soweit in Ordnung gewesen sei. „Und nun zur Unterrichtsplanung. Weshalb schreiben Sie über Ihren Unterrichtsentwurf »Vorläufiger Unterrichtsentwurf«?" Ich verweise auf den Rahmenplan, da steht es genauso. »Vorläufiger Rahmenplan«. Und Unterricht nach einem vorläufigen Plan sei meiner Meinung nach eben vorläufiger Unterricht, obwohl dabei Generationen von Schülern durch die Schule gingen. Alles in allem sind wir etwa eine Dreiviertelstunde intensiv zugange, wälzen Probleme und Problemchen der Pädadgogik, der Didaktik und der Methodik, als beide aufstehen, um sich freundlichst von mir zu verabschieden. Ich erwarte Händereichen, der Chef klappert schon mit den Schlüsseln wie der Knochenmann mit den Knochen, aber es ist zu dritt verdammt schwer, es über Kreuz zu tun.

Aber ich stehe nicht mal auf, sondern sage: „Nein, nicht so schnell, ich habe noch einige Dinge zu besprechen. Sehen Sie doch mal in den Entwurf. Die Vorbemerkungen sind so verkleinert kaum zu lesen? Ja? Die Linien, obwohl mit einem Lineal gezogen, sind nicht parallel. Gesehen? Die Schrifttypen der Schreibmaschine sind nicht sauber. Das »e« zum Beispiel. Am »i« fehlt der Punkt.

Das »n« ist nur halb vorhanden. Dem »w« fehlt eine aufstrebende Linie. Und das Farbband ist leergeschrieben. Die Strukturen sind nicht immer klar erkennbar. Teilweise müßten die Stichworte mit einer Gebrauchsanleitung erklärt werden. In der Tabellen haben die beiden Spalten keine Entsprechung zueinander." Beide sehen zwischen meiner Unterrichtsplanung und mir hin und her. „Ich möchte bemängeln, daß Sie es nicht bemängelt haben!" lasse ich die Worte langsam aus meinem Mund plätschern. Und nach einer Gedankenpause: „Obwohl da die Zwickmühle beginnt. Denn hätten sie es bemängelt, hätte ich mein Exemplar des Rahmenplans, genauer des vorläufigen Rahmenplans, hervorgezogen und die dort ebenso verfertigten Stellen gezeigt."

Aus meine Tasche ziehe ich, bevor die beiden das Glatteis, auf dem sie stehen, so recht begriffen haben, eine korrekte Planung hervor. „So wie dieser Laserdruck muß es ja nicht immer ausse-hen, aber das sollte das Ziel am Horizont sein!" Mit spitzen Fin-gern, wie man eine Radierung von Dürer handhaben würde, neh-men beide die zwei korrekten Exemplare meiner Unterrichtspla-nung. Gratwanderung zwischen Zumutung und Provokation. Um wieder in geordnete Bahnen zu kommen, lege ich eine von mir redigierte Seite des Rahmenplans vor. „So etwa könnte ich mir den Rahmenplan lesbarer und besser, mit einem guten Standard, vor-stellen. Augenprüfer haben wir doch nicht nötig." Aus der Tasche ziehe ich einen Fadenzähler, die Lupe des Setzers, und weise meine Kritik Punkt für Punkt an einem Exemplar des vorläufigen Rahmenplans nach.

„Vielleicht könnten Sie in der Rahmenplankommission darauf hinwirken, daß er so oder ähnlich gestaltet wird." Ich weiß genau, daß vieles in der Schule kritisiert werden kann, aber ein Großteil der Kritik sollte konstruktiv sein.

Sichtlich erleichtert nimmt mein Chef jetzt das Wort: „Ich freue mich, daß Ihr Entwurf noch diese Wendung genommen hat!" Er schwenkt dabei den Laserausdruck. „Wir haben schon während ihres Unterrichts über Ihre altersschwache Schreibmaschine gesprochen", und sieht dabei zur lächelnden Schulrätin hin. „Da ihr Unterricht inhaltlich aber in Ordnung war, wollten wir sie for-mal anhand dieses Entwurfes nicht weiter kritisieren. Wäre es eine Prüfungsstunde gewesen... Wir hätten dieses Faktum sicher nicht übersehen können." Die Schulrätin nickt zustimmend. „Aber wir konnten natürlich nicht wissen, daß mit ihrem Entwurf eine Kritik an der Form des Rahmenplans verbunden ist. Sie haben sicher recht, daß er schlechter gedruckt ist als jedes Taschenbuch. Ich werde Ihre Kritik entsprechend weiterleiten. Und ebenso listig. Aber daß aus einem vorläufigen Rahmenplan auch vorläufiger Unterricht entspringt... So habe ich das noch nie gesehen." Im Scherz fügt sie hinzu: „Ich werde prüfen lassen, ob wir nicht auch nur »vorläufige Zeugnisse« ausgeben werden. Und vorläufiges Gehalt!" Und sie geht, positiv lachend, aus dem Klassenraum. „Sie machen Sachen..." raunt mir der Chef noch leise kopfwackelnd zu und folgt seiner Chefin in sein Amtszimmer, zum verdienten Kaffeetrinken. Ihm ist nie wohl zumute, wenn Dinge nicht seiner Dramaturgie entspringen.

Am Nachmittag Gesamtkonferenz aller Lehrer »aus gegebenem Anlaß«. Ich höre unfreiwillig vor Konferenzbeginn ein Gespräch mit, das eine Lehrerin mit dem Schulleiter im Amtszimmer führt. Andere, im Vorzimmer hantierende Kollegen, hören ebenfalls mit. Sie sei eben, kurz vor dem Betreten der Schule, fast von einem Auto überfahren worden! Sie wäre hin, hätte sie nicht einen großen Sprung zur Seite gemacht! Die Kollegin ist noch sichtlich außer Atem. Jetzt mochte der Chef denken, daß das sicherlich jeden Tag vielen seiner Kollegen passiert, knapp von irgendwelchen Schippen zu hüpfen, denn er guckt nur anders. „Am Steuer dieses Mittelklassewagens hat deutlich erkennbar Hakan gesessen, Hakan aus der 7 B. Hakan Satzki." Der Chef sieht jetzt aus, als wolle er Werbung für Einfachstfliegenfänger machen, so offen ist sein Mund. Weil ich alles mitbekommen habe, trete ich hinzu und sehe sicher aus, wie ein Vertreter derselben Fliegenfängerfirma, für die mein Chef wirbt. Der Chef blickt für mein Zeitgefühl lange Zeit an der Kollegin herauf und herunter, wie es seine Art ist. Mit diesem Blick nutzt er seine Chance, den ehrlichsten Menschen der Welt unsicher zu machen.

Die Kollegin bestärkt ihre Aussage durch mehrfaches Wiederholen desselben Sachverhalts mit anderen Worten, der aber dadurch nicht nachprüfbarer oder glaubhafter wird, im Gegenteil, denn die Fliegenfängerfirmenvertreter nehmen in diesem Raum zu, lassen sich die Geschichte von vorn erzählen und stellen Zwischenfragen. Grinsen ungläubig wie die Zuhörer einer Wunderpropagandistin vor dem Kaufhaus. Wahrscheinlich hat der Religionslehrer (evangelisch oder römisch-katholisch?) die Bibel offen liegengelassen; woher sollten all die ungläubigen Thomasse sonst kommen? Die Kollegin ist durch das Erzählen und die Schwergläubigkeit ihrer Umgebung mehr geschafft als durch den Sachverhalt des Beinaheunfalls. „Der wollte mich umfahren!" ruft sie laut und sie zieht einen Zettel aus dem Portemonnaie und liest davon ein Autokennzeichen ab. Der Chef geht jetzt selbst an den Aktenschrank; Frau Krause ist um diese Abendstunde nicht mehr da, zieht selbst die Schülerakte und sieht den Geburtstag des betreffenden Schülers nach. „Der ist doch erst vierzehn!" Die Umstehenden lachen sich frei, nur die Lehrerin kann noch nicht, knapp wieder im Leben, mitlachen. Vielleicht denkt sie, die anderen lachten über sie.

Die Konferenzzeit drückt, der Chef macht sich eine Notiz und verspricht, gleich nach der Konferenz dem Kontaktbereichbeamten der Polizei von diesem Sachverhalt Meldung zu machen. (Weshalb soll die Kollegin den KOB nicht selbst anrufen? Geht nicht zuviel durch seine Hand? Könnte er sich hier nicht entlasten?).

Die im Lehrerzimmer verstreuten Einzeltische haben verfrüht erschienene Lehrerinnen und Lehrer zu einem langen Tisch umgebaut. Am Kopfende der Tischreihe steht der Chef. Setzt sich nur, wenn für längere Zeit ein Kollege das Gespräch zum Bericht übernimmt. Einziger Tagesordnungspunkt: Drogen an der Franz-Schippel-Schule. Aufgrund der vom Chef vorgegebenen wohldurchdachten Strukturen werden alle Aspekte betrachtet. Beobachtungen der aufsichtführenden Kollegen auf dem Hof: schon vor Beginn der Pause seien unbekannte Jugendliche auf dem Hof. Man könne ja nicht alle, zumal auch aus der Realschule, kennen. Neue Strategien zur Beaufsichtigung des Hofes werden erdacht, Neumann wird sich freuen, denn er wird einbezogen. Die Kooperation mit der Nachbarschule wird verstärkt gesucht. Deshalb nächste Woche gemeinsame Konferenz. Projekttag zum Thema Drogen. Gesamtelternversammlung der Schule. Referenten aller Bereiche. Auch ehemals Drogenabhängige. Das von vierzig Lehrern erdenkbare Füllhorn von Maßnahmen mit einer Zielrichtung: Offensichtlichmachung des Drogenproblems für jeden einzelnen Schüler, Lehrer und Elternteil!

Konferenz beider Schulen. Aus Platzgründen findet diese Konferenz in der gemeinsamen Aula statt. Als pädagogische Maßnahme, oder Maßnahme der strategischen Annäherung, haben die beiden Schulleiter verkündet, daß jeweils alternierende Reihe gemacht werden soll. Abwechseln soll je ein Hauptschullehrer und ein Realschullehrer sitzen. Nach anfänglich lauten Protesten aus vielen Ecken, findet jeder neue Partner. Und sind seltsamer Weise zufrieden damit. Ich sitze heute neben Frau Sportel und dem Paradiesvögelchen. Vor mir unterhält sich unsere Sammlungsleiterin der Bildenden Kunst mit einer Kollegin und sagt, daß ihr 120 DM auf dem Schulkonto fehlen würden. Die seien für irgendwelche Farbe draufgegangen, die sie gar nicht eingekauft habe. Das Parfum des Paradiesvögelchens würde mich außerhalb der Lehrerrolle in ein Drohnchen verwandeln. Muß sie direkt mal nach der Marke fragen. Wäre es unhöflich?

Die neuen Maßnahmen werden in einem Protokoll zusammengefaßt und allen an die Hand gegeben werden. Der Realschulrektor läßt unserem Rektor die Gesprächsleitung. Heiße Kartoffeln. An der Realschule, das läßt sich so äußerlich schon demonstrieren, gibt es das eben nicht! Drogen werden im Kolumbien nur für Hauptschüler hergestellt. Wie lange kann der das noch so durchhalten? Ich plausche nach Konferenzschluß noch ein wenig mit Frau Sportel. Small Talk. Kleine Konversation. Beim Verlassen der Aula spricht mich unerwartet das Paradiesvögelchen an. Oh, diese Stimme habe ich noch nie gehört! Mit dunkler Stimme sagt sie, daß sie Sicherheitsbeauftragte der Realschule geworden sei. Wie, das wisse sie auch nicht mehr. (Während der Wahl wohl auf dem Klo zum Schminken gewesen? denke ich).

Der alte Physiklehrer, der das vorher gemacht habe, sei unerwartet schnell aus dem Dienst gegangen. Emanzipiert, die Realschule, denke ich. Und daß sie deshalb Fragen an mich habe, denn sie hätte gehört, ich sei der Sicherheitsexperte. Sicherheitsbeauftragte, verbessere ich sie. Sie schmeichelt... Sich mal irgendwo treffen. Ich sage ihr nach dem Technischen, daß ich bei der Konferenz ihr Parfüm bewundert hätte. Von der Art und Weise der Wirkung natürlich kein Wort. Sie wolle mal wieder(!) neue Leute(!) kennenlernen. Oh, Nachtigall!

Auf dem Nachhauseweg: Stau. Die Straße ist durch die neue Busspur, die jetzt, um diese Zeit gilt, verengt. Rechts neben mir überholt mich Auto um Auto. Ich stehe mehr in der Schlange, als daß ich rolle. In mir entsteht eine Wut auf die Rechtsüberholer, die es nicht nötig haben, sich hinten einzureihen und auf ihre Zeit zu warten. Vordränglergesellschaft.

Schön wäre es, male ich mir aus, wenn die Polizei diese Schnösel mal gründlich zur Kasse bitten würde. Ich glaube, jetzt bin ich tief in dem Gefühl drin, was meine Schüler haben müssen, wenn ich offensichtliche Verstöße gegen die Regeln unserer Schule oder die Ordnung durchgehen lassen würde. Scheißgefühl, das.

Zu Hause das Übliche. Schularbeiten. Spaziergang und Aussprechen mit meiner verständnisvollen Frau. Es brodelt in ihrem und in meinem Berufsleben. Abendbrot. Fernsehen. Bettgespräche und Kuscheln.

XVII

Wandertag. Im Lehrerzimmer hatte einer der Kollegen gesagt, als er das Ziel »Zoo« bei einigen Kollegen gelesen hatte: „Ach, Vollzugsanstalt für Tiere!" – Unser Treffpunkt: Vor dem Schwimmbad. Mit einigermaßen pünktlichen Schülern lösen Regina und ich die Karten. Das mitgebrachte Geld lassen wir in den Händen der Schüler. Spende für einen guten Tag. Einige, die noch fehlen, werden morgen zur Rede gestellt, und, wenn sie heute noch kommen sollten, müssen sie das Eintrittsgeld selbst zahlen. Sollten wir immer so machen, denke ich. Geldpädagogik. Jungen und Mädchen lagern an zwei verschiedenen Orten. Die älteren Jungen haben weder Badehosen dabei noch die Bereitschaft, die Lederjacken auszuziehen, die langen Hosen sowieso nicht. Allesamt bleichwadig, bleichgesichtig. Dafür suchen sie sich ein Schattenplätzchen und hören aus dem mitgebrachten Cassettenradio(!) Rockn'Roll! Jetzt von einer CD überspielt. Wie sich die Zeiten ändern. Dieselben Aktivitäten, andere Akteure.

Ich erinnere mich noch genau an einen anderen Wandertag, als wie einmal an einer Baumschule vorbeikamen. Fatma, die diese strenge Anordnung von Bäumen nicht kannte, fragte uns, was das sei: »Baumschule«. Für sie wäre das nichts, hatte Fatma gestöhnt, immer so ganz still stehen, jahrelang...

Die Mädchen lagern bei Regina und mir in der Sonne. Wir besprechen die Zeugnisköpfe miteinander. Versetzungszeit. Auf Kerstins T-Shirt steht: „Some like it wet". Ich lese das laut so deutsch wie möglich vor: „Sohme liehke itt wett". Ich frage, was das heißen könnte. Von Kerstin keine Antwort. Keine Hilfe von den Umstehenden. Weiß ich nicht. Sven kommt vorbei, ihm wird dieselbe Frage gestellt. – »Wet« wird mit naß oder feucht transkribiert.

Aber der Sinn des Textes bleibt weiterhin rätselhaft. »Some« wird zu »einige«. „Die wollen immer wat wissen, die Pauker!" und die Schüler schieben ab in Richtung Wasserfläche. „Die laufen Reklame für etwas, das sie gar nicht verstehen", sage ich zu Regina. Und sie verspricht, in dieselbe Richtung zu fragen. Einfache Methodik. Den Text streng deutsch – wie ohne Kenntnis einer fremden Sprache – vorlesen und nach der Bedeutung fragen. Kerstin kommt naß aus dem Wasser und spielt dasselbe mit meiner T-Shirt-Aufschrift, aber „Chinatown – San Francisco" gibt nichts her. Als ich ihr die Aufschrift ihres T-Shirts mitteile, gibt es keine Reaktion. Was die Pauker immer wollen. Ich beschließe, mir ein T-Shirt mit der Aufschrift „Kill the bomb" zu beschaffen. Mal hören, was das heißen könnte. Und dann möchte ich mal dahinter kommen, was das heißt:„Fuck the teacher"? Ich kenne nur Muckefuck, und der schmeckt nicht!

Tatjanas Hals zeigt heute wieder die blühendsten Knutschflecke. Hat gestern abend oder gestern nacht also was erlebt. Früher hatte ihr Regina mal gesagt, ob sie nicht ein Halstuch tragen wolle, an solchen Tagen. Ablehnung. Müsse ja niemand hinsehen, den es nicht interessiert. „Is eben so, wenn man sich liebt!" Also stolzes Vorweisen eines Erlebnisses. Aber nachfragen, als Regina wegen einer leichten Erkältung einen Schal im Winter trägt.

Still nehme ich Anteil an dem immer wiederkehrenden Spiel: A liebt B, aber B liebt C, und C kann sich nicht entscheiden zwischen D und E, die wären beide so süß, bis ans Ende des Alphabets oder der Reihe, bis Z endlich A liebt, aber A hat nur Augen für B. Mal ist die Kette länger, mal kürzer. Was wäre eine Schulzeit, und selbst meine, ohne den Kummer und die süße Würze der aufkeimenden Liebe der Pubertät?

Mit Regina spreche ich offen im Beisein der Schülerinnen viele Probleme an. Sandra will mich bei Regina anschmieren, denn sie sagt, daß ich gesagt hätte, ein Kondom könne ein Junge von dem Alter an benutzen, wenn der *Schwanz* steif würde. Dieses Wort hebt sie gründlich heraus. Mädchen sollten mit »der Pille« vorsichtig sein, denn für sehr junge Mädchen käme sie nicht in Frage. Ich walze die Geschichte noch gehörig aus. Bestärke das, was Sandra sagt als richtig, meine Worte. »Schwanz« habe ich gesagt und ich werde auch »Muschi« und anderes sagen, so daß mich jeder versteht. Wie würde sie denn reden? Ich habe die entscheidenden Worte schon oft genug aus ihrem Mund gehört. Sandra sagt verschämt aber ehrlich, daß es sich so anders anhöre, wenn die Lehrer es sagen würden. Regina wirft ein, daß sie genauso ohne Feigenblatt reden würde, nur geschrieben sollte es anders sein. Schamschweigen.

„Klemmistan darf es, spätestens seitdem Aids bekannt ist, nicht geben. Alles muß offen zumindest ausgesprochen werden können. Wir werden zwar über alle Verhütungsmittel sprechen, aber wir werden euch keinen Geschlechtsverkehr vormachen. Das müßt ihr, aufgeklärt, irgendwann allein probieren – mit einem Menschen eurer Wahl. In dem Alter, in dem es jedem gemäß ist. Die eine früher, der andere später. Feste Regeln und Alter gibt es dabei nicht!" Regina ist ehrlich!

Von Regina Tacheles. Ohne Schminke. Nach bestem Wissen von Erwachsenen. Es muß ein Erlebnis sein, eine Lehrerin und einen Lehrer auf der Decke im Schwimmbad in Badekleidung sitzen zu sehen, sie zu befragen und die Worte zu hören, die Schüleralltag sind. Und die beiden Erwachsenen verhalten sich so normal und ruhig, als sprächen sie über den letzten Einkaufszettel. Und sie gehen sich nicht an die Wäsche! Wie oft haben wir uns unsere Lehrer zum Abgewöhnen kopulierend vorgestellt! Harmloser Spaß. Wie oft haben wir in unserer Vorstellung unsere Lehrer und Lehrerinnen, die Sekretärin, den Rektor, den Hausmeister miteinander verheiratet, nur so zum Spaß. Ein wichtiges Ventil des Lehrlings ist, sich den Meister nackt schreiend vorzustellen. Im Beisein der Eltern hätten wir nicht so offen mit den Schülern reden können. An Regina und mir hätte das bestimmt nicht gelegen. Aber die Kinder sind im Beisein der Eltern gedämpft. Hätten wir formal den Eltern einen Brief schreiben sollen, den Ankündigungsbrief, wie ihn Frau Sportel seinerzeit schreiben mußte, Thema Sexualität? Diesen guten Gesprächsansatz ausschlagen, ihn aufgeben aufgrund formaler Erwägungen?

Eine schöne Elternversammlung ist die gewesen, als ich laut eine der anwesenden Mütter fragte, ob sie eine »Hure« sei. Natürlich eine Entschuldigung vorausgeschickt, um den wechselnden Ton zu entschuldigen. Einen Vater fragte ich, ob er ein »Stricher« sei. Lautloses Erstarren im Raum. Am nächsten Tag wurde diese kleine Episode von einem der anwesenden Schüler lachend laut kolportiert. „Nutte, Hure, Stricher, Schwanz, Sack, Votze, Ficken, hat er laut in der Elternversammlung gesagt". Mit einem Finger zeigte er auf mich. Der Rest seiner Finger zeigte auf ihn. Mit »er« war ich gemeint. Die Eltern wußten nicht, nach ihrer Reaktion zu urteilen, daß ihre Kleinen diese Worte im Umgang miteinander und in der Bezeichnung der jeweils anderen Eltern lautstark benutzen.

Die Kraftworterei der Schüler müßte ein Ende finden, war auch Reginas Meinung. Zumal die Mädchen sich als »Votzen« titulieren und sich an den Kopf werfen, daß sie sich gegenseitig »auf den Sack« gingen. „Du hast doch gar keinen Sack!" stellt Regina gespielt entrüstet einer Schülerin gegenüber fest. Erstaunen bis Entsetzen. Diese Lehrerin! Unsere Offenheit hat Eindruck gemacht, bei Eltern und Schülern, ein Gespräch eröffnet. Die Schüler haben gelernt, daß ihre Eltern diese Worte ebenfalls aussprechen können, daß diese auch wissen, was gemeint ist, und daß sich Erwachsene darüber einig sind, daß so nicht voneinander und miteinander gesprochen werden sollte. Die Gemeinschaft der Erwachsenen! Insgesamt ist die Verwendung dieser Worte zurückgegangen.

Müßte ich darüber eine Kartei führen, würde ich ihr den Titel »Kinderbesuch« geben. Vor mir stehen in der großen Pause am Lehrerzimmer zwei junge Frauen mit zwei kleinen Kindern. Genauer: Brustlutschern. Die beiden Frauen sind ehemalige Schülerinnen, die ihre Schulzeit durch Schwangerschaft gekürzt haben. Sie wollen zu ihrer ehemaligen Klassenlehrerin, die Sprößlinge vorstellen. Ein Kollege hat einmal berichtet, daß er in vierzig Dienstjahren zwei Generationen einer Familie mit jeweils vier bis sieben Kindern unterrichtet habe. Unglaublich für einen Junglehrer. Die Frauen, vielleicht doch besser Mädchen, berichten offenherzig über den lieben Umgang mit den Kindern, ihre gerade heißen und ihre kalten Partnerbeziehungen und die alten Erinnerungen aus der gemeinsamen Schulzeit. Und als Abschlußklops hat die eine ihre vollzogene Scheidung ihrer Frühehe mitzuteilen. Ihr »Ehechen« hat zwei Monate existiert. Die andere ist nicht verheiratet. „Sie haben doch auch nicht den ersten geheiratet!" sagt eine mit Blick auf die Kollegin. Meiner Kenntnis nach ist die Kollegin wirklich unverheiratet. Das Kind der Unverheirateten hat einen Vormund bekommen, weil sie den Vater nicht preisgeben will. Beide Mädchen haben jetzt die Notwendigkeit eines Schulabschlusses erkannt. Deshalb seien sie heute auch hier. Sich erkundigen, welchen Möglichkeiten es da gäbe. Berufe, Tätigkeiten außerhalb der Kindererziehung, hätten sie nicht aufgenommen. Sozialfälle, alle beide. Die Säuglinge zucken zusammen, als die Schulglocke ihr Werk tut. Die Lehrerin nimmt die beiden als »Expertinnen« in ihren aktuellen Unterricht. Die Klasse wird ihnen Fragen stellen, die sie sicher leicht beantworten können, die mir aber in dem Alter Tränen in die Augen getrieben hätten. Ich sehe dem in Auflösung begriffenen Hofleben zu und bin lange Sekunden in einer anderen Welt. Sind die Kinder die Kleinen im Rollwagen?

Ich sehe Neumann auf dem Hof mit seiner Reinigungstruppe, das sind die beiden Hilfshausmeister, die Pausenreste in großem Stil zusammenkehren. Mit drei großen Besen haben die Männer etwa eine halbe Stunde gut zu tun. Ich winke durch die Scheibe, heute sehen sie mich und winken zurück. „Die Turnhalle winkt", werden die Hilfshausmeister denken. Woher nehmen die Schüler das Taschengeld, um all den Müll, den sie hier hinterlassen, einzukaufen. Wer produziert so, daß jeden Tag die Beweismittel dieser Produktion, auf sämtlichen Schulhöfen der Stadt, gründlich verteilt liegenbleiben? Vier große Müllcontainer werden in zweieinhalb Tagen Schule randvoll gefüttert. Zweimal kommt die Mülabfuhr in der Woche. Einige Blöde reden was von „Arbeitsplatzbeschaffungsmaßnahmen durch die Müllhinterlassenschaft". Und immer sind unsere Container randvoll. Kein Gedanke daran, einen oder zwei Stück einzusparen. Wieviel Kilogramm mögen davon Kaugummi sein, Verpackung für Süßwaren aller Art, Zigarettenschachteln? Neumann schickt die hofreinigenden Schülern mit einem scharfen Zuruf in den Unterricht, als sie mit den Papierzangen etwas wie Crickett spielen.

In meinem Fach liegt die Gehaltsabrechnung der Personalstelle, wie üblich alle zwei Monate. Handschriftlich steht vor »Gehaltsnachweis« »Vorläufiger«. Eine kleine Retourkutsche von den vielen Retourkutschen, die hier hin und her gehen. Ich freue mich, daß andere auch Humor haben...

Meierchen sitzt an ihrem Tisch und schüttelt den Kopf über einen Zettel von der Sekretärin, Frau Krause. Meierchens einziger Hakan sein heute früh vom Kontaktbereichsbeamten verhaftet worden und könne somit jetzt nicht seiner Schulpflicht nachkommen. Autodiebstahl. Sie versteht immer nur »Diskette«. Ihre zwei Mehmets hätten in dieser Richtung etwas angedeutet, aber es bleibe für sie ein Rebus. Irgendwer setzt ihr die Geschichte mit unserer halb bis dreiviertel überfahrenen Kollegin auseinander. Frau Meier ist durch die Aktivitäten ihres Kleinrüpels sowie dessen technischen Sachverstand, Autos betreffend, sichtlich beeindruckt.

XVIII

Abends treffen wir uns routinemäßig in einem Restaurant, um im Kollegenkreis gesellig zusammenzusitzen. (Ich meide gewöhnlich diese Treffen, weil sie mir nichts bringen. Es sitzen die zusammen, die sonst ebenfalls zusammensitzen. Es sprechen die miteinander, die bereits gute Kontakte miteinander haben.)

Heute jedoch hat mich der Chef speziell dazu eingeladen. Es gäbe noch etwas dienstlich-außerdienstlich gemeinsam zu besprechen...

Üblicherweise ist mein Chef in allen Dingen sehr präzise. Warum mit dieser Einladung so undeutlich? Fast alle sind da. Fünfunddreißig Kollegen unserer Schule versuchen, in einem Lokal an mehreren Tischgruppen in einem bestellten Extraraum Gespräche zu führen, die sich nicht um Schule drehen. Natürlich muß das schiefgehen! Schule hält Lehrerinnen und Lehrer zusammen! Meierchen flirtet heute hemmungslos mit dem neuen Religionslehrer. Hat der die Bibel offen liegengelassen? Solange sie nicht Lambada tanzen, werde ich keinen Einspruch erheben. An einem Nebentisch entdecke ich die Sekretärin, die, ebenso wie ich, üblicherweise diese Art von Geselligkeiten ausschlägt. Ihr paßt ebenso wie mir der Rauch nicht, der dabei um nichts gemacht wird. Auch die Neuen sind da, gut integriert, wie ich sehe.

Meine Kollegen vertreiben sich gern die Zeit mit Langeweilezigaretten. Suchtraucher sind aber auch satt vertreten. Ich grüße Frau Krause freundlich, und hoffe, daß sie mich im babylonischen Stimmenwirrwarr im Raum richtig interpretiert. Unvermittelt stutze ich. In der hintersten Ecke sitzen die Reinigungsdamen und die Hilfshausmeister und Neumann! Diese sind noch nie eingeladen worden!

Die Kellner nehmen die Bestellungen auf, rennen sich die Hacken wund, lassen keine Meldung unbeachtet. Aber keine Chance gegen die Kellnerin Monika! So müßte Schule immer sein, ein Handheben, und schon wird einem Wunsch entsprochen. Sicher, bezahlen wird man, und nicht wenig. Zwischendurch gehen die Stimmen hoch, ein Gelächter durchdringt in unregelmäßigen Abständen den gesamten Saal. Meine Kolleginnen, die furchtbar mitreißend lachen können, geben dabei den Ton an. Witze werden gerissen, ein Gespräch ist immer weniger ernsthaft als das nächste. Eine lacht dazwischen wie eine Kreissäge. Muß sie mal mit einer kleinen Leiste zu Hause besuchen, die sie mir sicher sauber und genau durchlachen kann.

Das Essen ist gut, ich habe nette Tischnachbarn und bin rundherum zufrieden. Eine der Neuen zapft mich in Kleinigkeiten an. Und ich gebe gern und lache viel dabei. Small talk am Rande, Klatsch über die, die gerade nicht am Tisch oder am Nachbartisch sitzen. Hinterher ist jede und jeder klüger.

Regina ist zum Abend mit einer neuen, asymmetrischen Frisur erschienen. Hat natürlich Furore gemacht, wie hier jede Veränderung, und sei sie nur äußerlich, Aufsehen bringt. Schick, meine Kollegin, so neu durchgestylt. In ihrem Leben muß sich gerade was verändern...

„Frau Losseck", sagt eine Kollegin beiläufig, „hat an einer Grundschule eine Stelle bekommen und ist jetzt glücklich!" Dankeschön für den Tip, denke ich, ich werde sie demnächst mal mit einer Flasche Sekt besuchen. Laut sage ich: „So ist dasLeben!"

Meierchen geht mit dem Religionslehrer, sich an der jeweils fremden Hüfte Halt suchend, aus dem Lokal. Sie hat sogar neuen Zwirn an, das sehe ich jetzt erst in voller Größe. Regina läßt sich von einem Kollegen nach Hause bringen, der zwei Straßen weiter wohnt als sie. Sie verabschiedet sich von mir, indem sie mir einen kleinen Abschiedskuß hinter das Ohr gibt und ein bißchen flüstert. Wer wird morgen Tagesgespräch sein?

Unruhig rutsche ich auf meinem Stuhl herum. Die Reihen lichten sich. Ein Bier später sind zwei Drittel der Kolleginnen und Kollegen schon verschwunden, als der Chef mit seinem Glas zu mir an den Tisch kommt. Ich nutze die günstige Gelegenheit, ihn nach einigen technischen Details des Stundenplans für morgen zu fragen, die er eleganter Weise im Kopf parat hat. Eben der Chef! Im Gastraum sind nur noch die Kolleginnen und Kollegen, die immer die letzten sind. Im Eck ist bei Hausmeisters noch ordentlich was los. Ich habe den Eindruck, daß den Hausmeistern die Geselligkeit mit den Reinigungsdamen gut tut. Ich höre lautes Lachen und einige Stichworte aus den Histörchen der Schulvergangenheit. Sie hecheln die »großen Skandale« der Vergangenheit durch. Auch der vierschrötige Althausmeister wird in den Geschichten wiederbelebt. Dieser habe einmal in Winter so intensiv mit der Motorkehrmaschine gearbeitet und nicht bemerkt, wie er mit mehreren ungeschickten Fahrten das Auto des Chefs mit Schnee völlig blockiert hatte. Und wieder eine Fahne aus dem Hals heraushängen. Und dann Streit mit dem alten Chef. Und dann passierte gar nichts außer »Mütchen kühlen« durch Freischaufeln des Chefwagens. Allein. Der alte Chef hatte auch seine deutliche Handschrift der Pädagogik!

Und die alte Konrektorin hatte ihr Fett bekommen. Ein unangenehmer Besen, der alle bis auf unseren alten Chef einfach durch das unzüchtige Angebot von aufgeplatzten Würstchen in Gewissensnöte zwang. Die Würstchen waren – wie so häufig – von zehn vor acht bis gegen eins auf dem Kochherd heiß gehalten worden, jetzt ausgekocht und mehrfach geplatzt und wurden von ihr dennoch angeboten wie eine feine Delikatesse. Viele konnten es sich nicht leisten, diese Ehre auszuschlagen. Also Gewissensnot, speziell bei jüngeren Kollegen. Tips, wie um diese Würstchenfrage herumzukommen sei, wurden damals unter Kollegen diskutiert und getauscht. Eine der besten Ausdreden war die, Vegetarier zu sein. Oder Moslem. Oder einstweilen verdorbenen Magen vorgeben.

Wie häufig hatte diese Frau das Auto des Hausmeisters blockiert, daß dieser mühsam nur aus der Parklücke herausgekommen wäre. Aber er wollte, wie üblich zu dieser Tageszeit, gar nicht weg. Jedenfalls an diesem Tag nicht. Mit einem Stück Seife und schwarzem Fettstift zeichnete er ein Muster von zersprungenem Glas auf die Windschutzscheibe der Parksünderin. Zu allem Übermut schickte er einen Siebentklässler ins Amtszimmer, zur Sekretärin, um Bescheid zu sagen, daß einem Wagen die Scheibe zerborsten wäre, wohl durch einen vom Dach gefallenen Eiszapfen oder Ziegelstein. Frau Krause fragte natürlich den Schüler nach der Farbe des Wagens, wo er stehe, und so weiter. Kleines Kreuz-verhör, mit Frau Krause als einziger Fragerin. Danke, mir würde es reichen. Anders als eine Billardkugel, die durch Berührungen mit der Bande und den anderen Kugeln ihre Energie verliert, baute sich in diesem Fall die zerstörerische Kraft jedoch durch indirekte Information über mehrere Stationen ins Gigantische auf. Als die Sekretärin den alten Rektor in Stichworten informierte, dieser die fehlenden Aspekte dieser Geschichte ergänzte, schaltete dieser und ließ die Konrektorin aus ihrem Unterricht holen. Übliche Methode. Schüler als Läufer mit handgeschriebenem Zettel. So schnell war diese Frau noch nie bei ihrem Blechgefährten gewe-sen. Und hat getobt. Und niemand hat dem Hausmeister dieses Meisterding übel genommen. Bis auf die Frau, die durch die übli-che äußere Beschreibung der Schülerinnen untereinander ausrei-chend charakterisiert wäre. Stichwort: Gegenstand zum Reinigen einer Toilette, durch Sprengstoff zerlegt. Zwanzig Buchstaben. Und jetzt fragen Sie nicht so blöd, ob waagerecht oder senkrecht!

Der Chef winkt den Hausmeister, ja auch die Hilfshausmeister, zu uns heran.Winkt einen Kellner herbei, mit dem er kurz redet. Dann steht er auf und klopft an sein leeres Glas. Und das singt ein klingendes, Schweigen erzeugendes Lied...

„Ich wollte mich bei ihnen allen noch einmal persönlich bedan-ken. Sie wissen schon. Ich will darum keine großen Worte machen. Habt ihr gut hingekriegt, alle Achtung." Der Bruch zwischen dem distanzierten »ihnen« und dem persönlichen »ihr«, zwischen »sie und du«, läßt mich aufblicken. Alkoholversprecher?

Der Kellner stellt vor jeden am Tisch ein neues Getränk hin. Bier ist angesagt. Eine Reinigungsdame bekommt ein Glas Wein. „Offi-ziell weiß ich gar nichts und werde auch nie etwas wissen. Prost! Auf unsere Schule!" Und damit verläßt der Chef das nicht genau definierte Thema und wendet sich der Hakan-Geschichte zu, die er den Umsitzenden ausführlich erzählt. Ich verstehe nur »Gleit-schutzstreifen«. In so großen Bögen schleicht nicht einmal meine Katze an heiklen Tagen um ihren Futternapf. Das Hausmeistertrio schaut zufrieden drein, das kann auch der Alkohol machen. Sie schweigen, stellen keine Fragen, nicht mal mit dem Gesicht. Die wissen mehr als ich, schießt es mir durch den Sinn. Hat der Chef etwa Wind von der Turnhallengeschichte bekommen? Die Freundlichkeit des Chefs ist nicht aufgesetzt, sondern ehrlich. Mir schwant Fürchterliches. Neumann lächelt mir lange zu, während Hakan, der Autofahrer, in der Erzählung des Chefs Autos knackt und die Tanks leer fährt. Ist der Draht zwischen Neumann und dem Chef dicker als ich erwarte?

„Der KOB hat auf Hakan nicht im Gebüsch, sondern hinter der Litfaßsäule gelauert", sagt mein Chef. Ich lasse mein Gesicht wie vom Bier her lächeln, arbeite hinter der Stirn fieberhaft. Mir wird kalt und heiß zugleich. Zuviel der identischen Worte. „Gebüsch", hat er gesagt. „Nicht im Gebüsch gelauert..." Die Hilfshausmeister rufen schlagartig laut: „Prost!", daß ich leicht zucke. Der Schulrat ist auch beim Chef nicht beliebt, scheint's. Ich halte das Lächeln mechanisch und gehe für einen Moment das überflüssige Bier wegtragen. Die kühle Ruhe der Toilette, frei vom Stimmengewirr des Gastraumes, gibt mir beim Nachsinnen die Gewißheit: der Chef wußte immer Bescheid!

Am Tisch sind sie bei der zweiten Chefrunde. Eindeutig: alles klar. Weshalb ist der Chef am Spraytag nochmals in die Schule gekommen, macht er doch sonst nur vor den Zeugnissen? Ich erinnere mich, wie ich neben dem ganz ruhigen Neumann geschwitzt habe. Das Zurechtlegen von Ausreden – eine der Fassaden Neumanns mir gegenüber! Das Gespräch des Hilfshausmeisters draußen vor der Schultür, eine gefahrlose Sache, um mich unter Dampf zu bringen und zu halten. Und mein Chef läßt sich herab, ist sich nicht zu fein, den Doofen zu spielen, an der Kriminalpolizei und am Schulrat, am Bauamt und an der Sekretärin vorbei! mit weißer Weste. Neumann und ich hätten uns die extremroten Finger verbrannt ...

Hakan habe einige Autodiebstähle zugegeben, sagt der Chef, als ich meinen Platz wieder einnehme. „Eine kleine Gerichtsverhandlung wird auf ihn zukommen. Wahrscheinlich auch eine Sache mit Fahrerflucht ..." Ich höre nicht weiter zu, fixiere meinen Chef, um aus seinem Gesicht eine endgültige Erklärung herauszulesen. Aussichtslos in *dem* Tischgespräch.

Beim Abschiednehmen, etwa eine Dreiviertelstunde später, versuche ich, nochmals einen Joker zu spielen. „Herzlichen Dank", sage ich. „Aber das war doch wirklich nicht nötig!" – „Doch", sagt mein Chef. „Die Sache war Sonderklasse!" Und leiser: „Neumann will ans Schulhaus ran! Sprechen Sie die Sache doch mal mit Malinowski durch. Der hat immer gute Sprüche 'drauf. Der kommt doch jetzt wieder öfter! Kommen sie doch morgen mal in mein Büro, die dienstliche Beurteilung unterschreiben!" Mit einem festen Händedruck zwischen Männern, die sich nichts schulden, verabschieden wir uns. Wir können Pferde stehlen, denke ich, nicht nur die eigenen, wie es manche im Leben immer wieder versuchen.

Mit beiden Händen am Lenkrad meines Autos, trotz der Biere nüchtern, fahre ich nach Hause. Im Autoradio die Rolling Stones, »mixed emotions«. In einem Auto, das mich überholt, Mittelklassewagen, sehe ich undeutlich eine Gestalt, die äußerlich Hakan ähnelt. Reginas Freund ist aus der gemeinsamen Wohnung ausgezogen, hat sie mir beim Abschied zugeflüstert. Beide wollen ausprobieren, ob sie sich besser verstehen, wenn sie eine Zeitlang getrennt leben. Mal fragen, wann Monika aus der Pizzeria ihren freien Tag hat ... Werden Graffitis obsiegen? Was werde ich davon meiner Frau erzählen können, ohne als Aufschneider zu gelten oder Unglauben hervorzurufen? Was steht in der dienstlichen Beurteilung? Wie werden wir die folgenden Schulwochen durchleben? Wie renovieren wir das Schulhaus?

Peter Kurz

Die Doppelmützenbande

Roman

„Unser Klassenlehrer sollte Malinowski heißen.

Von diesem Augenblick an wußte ich, daß ich keine Chance haben würde, diese Schule ordnungsgemäß zu beenden. Einem Menschen dieses Namens gegenüber konnte ich keinen Respekt entwickeln. Es ging einfach nicht.“

Damit beginnt der vierzehnjährige Sven Skrubitschek die Schilderung unzähliger Streiche und „ehrlicher Tricks". Am Ende ist der erfolgreiche Gründer der Doppelmützenbande Insasse einer geschlossenen Erziehungsanstalt und sein Klassenlehrer mit einem Herzinfarkt schulunfähig. Skrubitscheks Erzieher Lehmann muß sich durch dessen Sticheleien eine neue Freundin suchen. Die „Franz-Schippel-Schule", bekannt aus dem Roman „Jede Menge Chancen", steht Kopf.

Bestellungen über jede gute Buchhandlung oder über den Verlag

ISBN 3-92 55 46-05-7